Klartext vom Präsidenten
Dr. Clemens Prokop schreibt hier, was ihm 2016 gefallen hat – und was nicht

Medaillen nicht das Maß aller Dinge

Das olympische Feuer in Rio de Janeiro ist erloschen. Für unsere Nationalmannschaft gab es nach dem erfolgreichen Abschneiden bei den Europameisterschaften in Amsterdam mit fünf Gold-, vier Silber- und sieben Bronzemedaillen bei den ersten Olympischen Spielen in Südamerika einen Dämpfer mit unbefriedigender Medaillenbilanz. Mit den großartigen Triumphen von Diskuswerfer Christoph Harting und Speerwerfer Thomas Röhler (Foto) sowie der Diskus-Bronzemedaille von Daniel Jasinski im Gepäck, trat das DLV-Team die Heimreise an. Man muss nicht drumherum reden: Gerade in der Spitze wurden einige Leistungen nicht erbracht, auf die viele gesetzt hatten.

Medaillen dürfen aber nicht das einzige Maß sein, denn Athleten sind keine Maschinen. Deshalb ist es sehr erfreulich, dass es eine Reihe bravouröser Leistungen auch ohne Medaillengewinne gegeben hat. Dazu zählen unter anderem Gesa Felicitas Krause mit ihrem neuen deutschen Rekord über 3000 Meter Hindernis, Weitspringerin Malaika Mihambo als Vierte, 400-Meter-Läuferin Ruth Sophia Spelmeyer (mit Bestleistung ins Halbfinale), Zehnkämpfer Kai Kazmirek als Vierter mit Bestleistung (8580 Punkte), die 4x100-Meter-Staffel der Frauen, der nur 33 Hundertstel zu Bronze fehlten, sowie Hürdensprinterin Cindy Rohleder, um nur einige zu nennen.

Das Ergebnis von Rio mit insgesamt 73 Nationenpunkten und drei Medaillen betrachte ich daher als einen Ausrutscher, aber nicht als eine Trendwende des kontinuierlichen Aufschwungs der deutschen Leichtathletik seit den Olympischen Spielen in Peking 2008. Gerade viele unserer jungen Athleten haben mich begeistert und stimmen mich optimistisch für die kommenden Herausforderungen wie die WM 2017 in London oder die EM 2018 in Berlin.

Dass wir uns auf unseren Nachwuchs verlassen können, zeigen die Ergebnisse der U18-EM in Tiflis, wo Deutschland in diesem Jahr die erfolgreichste Nation war, und bei der U20-WM in Bydgoszcz. Dort landete Deutschland auf Platz vier – als bestes europäisches Team hinter den USA, Kenia und Äthiopien. Schon jetzt gilt es, die Weichen für die Olympischen Spiele 2020 in Tokio zu stellen. Dazu werden wir auch die Organisation unseres Leistungssports umstrukturieren, um in Zukunft noch effektiver zu werden.

Meine Bilanz zu den Spielen in Rio ist nicht nur in sportlicher Hinsicht nicht euphorisch. Die Doping-Diskussionen und der Umgang mit dessen Folgen haben dem Image des IOC und seinem Präsidenten, aber auch dem Sport insgesamt, sehr geschadet. Probleme im Transportsystem von Rio, teilweise leere Ränge in den Stadien sowie der Vorwurf der Korruption beim Ticket-Verkauf zeigen: Die Glaubwürdigkeit des Sports ist in Gefahr und muss dringend wiederhergestellt werden. Dies ist unsere gemeinsame Herausforderung.

Ich wünsche Ihnen viel Spaß beim Lesen dieses Bildbandes. Ob Hallen-DM in Leipzig, die Freiluft-DM in Kassel, das Stadtwerke Mehrkampf-Meeting Ratingen oder die Europameisterschaften in Amsterdam – freuen Sie sich auf unterhaltsame Texte und emotionale Fotos.

Eine spannende Lektüre wünscht Ihnen

Dr. Clemens Prokop
Präsident des Deutschen Leichtathletik-Verbandes (DLV)

LEICHTATHLETIK 2016 Inhalt

74

100
ZURICH
usedSoft
BARMER GEK
HARTING

DOUBLEDOUBLE

Er zementiert das Fundament, auf dem sein Thron steht. Schon vor Olympia 2016 war Mo Farah mit sieben wichtigen Langstrecken-Titeln in Folge der erfolgreichste Läufer aller Zeiten. Nun ließ er bei Olympia mit Gold über 5000 und 10.000 Meter zwei weitere Titel folgen. Doppelsiege über beide Strecken bei Olympia hatten schon mehrere Läufer gefeiert – Mo Farah ist aber erst der zweite, dem es gelingt, das olympische Double zu wiederholen. Vor ihm hatte nur der Finne Lasse Viren 1972 und 1976 das „Double Double" geholt.

OLYMPIASPIRIT

Zuerst war es eine Rempelei, ein Sturz, wie er bei Mittel- und Langstreckenrennen häufig vorkommt. Die Neuseeländerin Nikki Hamblin und die US-Amerikanerin Abbey D'Agostino stürzten im 5000-Meter-Vorlauf. Doch statt möglichst schnell weiterzulaufen, um den Anschluss wiederherzustellen, hilft Hamblin ihrer Konkurrentin auf, die noch am Boden liegt. Zusammen laufen sie die knapp 2000 verbliebenen Meter und dürfen – obwohl sie abgeschlagen ins Ziel kommen – im Finale noch einmal laufen. Dort tritt nur die Neuseeländerin an, D'Agostino wurde schon nach dem Vorlauf – vermutlich mit einem Kreuzbandriss – im Rollstuhl aus dem Stadion gefahren. Zwar wird Hamblin im Finale Letzte, beide bekommen aber einen ganz besonderen Preis: die Pierre de Coubertin-Medaille. Mit ihr werden Athleten, Volunteers und Offizielle ausgezeichnet, die besonderen olympischen Spirit demonstriert haben. Bislang wurde sie erst 17-mal vergeben.

Rio2016
NEW ZEALAND
10

ZUCKERSÜSS

Brianna Rollins, Nia Ali und Kristi Castlin hatten gerade Historisches geschafft: Gold, Silber und Bronze im 100-Meter-Hürden-Finale der Frauen für die USA. Dann kam der kleine 15 Monate alte Titus Maximus und stahl allen die Show. Der Sohn von Nia Ali und 400-Meter-Hürdensprinter Michael Tinsley – Olympia-Zweiter von 2012 – bezauberte Zuschauer und Medien. Es wäre kein Wunder, wenn aus dem Kleinen ein erfolgreicher Sportler werden würde. Nicht nur seine Eltern, sondern auch Patenonkel und Hochspringer Erik Kynard (2012) haben jeweils Olympia-Silber gewonnen.

Rio2016

LIEBESGRUSS

Sportlich sorgte er mit Gold für ein absolutes Highlight bei Olympia. Sein Verhalten bei der Siegerehrung brachte ihm Kritik ein. Christoph Harting ist ein Typ der Gegensätze. Das zeigte er auch nach dem Wettkampf. Präsentierte er sich einerseits mit seinen Grimassen auf dem Siegerpodest wie ein Kasper, so zeigte er auch seine emotionale und weiche Seite – und schickte ein Herz in die Welt. Für wen es war? Das behielt er für sich, er gab ja keine Interviews.

GRUPPENSELFIE

Da war Sprintstar Usain Bolt wohl gerne der Hahn im Korb! Als Brianne Theisen Eaton, Nafissatou Thiam und Jessica Ennis-Hill bei der Siebenkampf-Siegerehrung gerade Bronze, Gold und Silber überreicht bekamen, war der Jamaikaner auf seiner Ehrenrunde nach dem 100-Meter-Sieg unterwegs. Auf der Zielgerade stoppte er für ein gemeinsames Foto mit den drei hübschen Athletinnen.

BAUCHLANDUNG

Um 3,56 Meter steigerte der Kenianer Julius Yego im ersten Versuch des Olympia-Finals seine Saisonbestleistung und übernahm die Führung. Doch dem Weltmeister war klar, dass 88,24 Meter keine sichere Gold-Bank sind – immerhin lauerte hinter ihm der Jenaer Thomas Röhler, der in diesem Jahr schon zweimal über 91 Meter geworfen hatte. Folglich versuchte Yego alles, um seine Weite nochmal zu steigern. Das Ergebnis: beeindruckende Bilder, aber keine weitere Steigerung. Leider verletzte sich der erste Weltklasse-Werfer aus Kenia im vierten Versuch. Thomas Röhler war in Runde 5 dann der beste Werfer der Abends, als er 90,30 Meter folgen ließ.

SOLOLAUF

Fast schien der Goldtraum der US-amerikanischen 4x100-Meter-Staffel geplatzt. Allyson Felix konnte im Vorlauf den Staffelstab nicht an English Gardener weitergeben – die Favoritinnen waren draußen. Allerdings: Felix hatte beim Wechsel den Arm der Brasilianerin Kauiza Venâncio abbekommen und war behindert worden. Nach einem Protest der US-Amerikaner durfte die US-Staffel am Abend alleine noch einmal rennen (Foto). In 41,77 Sekunden schaffte das Quartett die schnellste Vorlaufzeit und das Weiterkommen ins Finale, wo sie in 41,01 Sekunden Gold gewannen.

Rio2016
AKINOSUN

OLYMPIAREKORD

Allyson Felix ist seit Rio die erfolgreichste weibliche Leichtathletin bei Olympischen Spielen. Die 30-Jährige holte in Brasilien ihre Olympia-Medaillen sieben, acht und neun. Insgesamt hat die US-Amerikanerin nun sechs Goldmedaillen und drei Silbermedaillen von Olympischen Spielen daheim. Erfolgreicher als Allyson Felix sind nur drei Männer: Paavo Nurmi (Finnland) mit zwölf Medaillen, Carl Lewis (USA/10) und Usain Bolt (Jamaika), dessen neun Plaketten alle aus Gold sind.

Mitgelaufen

Die DLV-Bilanz: Zu viele deutsche Asse stachen nicht: Und wenn es bei David Storl, Christina Schwanitz, Robert Harting oder Raphael Holzdeppe nicht rund läuft, wird es schwer mit den Olympia-Medaillen. So blieben die ganz großen Highlights in Rio Mangelware, auch wenn viele junge Athleten starke Leistungen zeigten. Echte Olympia-Akzente setzten an der Copacabana nur wenige deutsche Athleten.

DEUTSCHE MEDAILLEN IN RIO DE JANEIRO

●	Christoph Harting (SCC Berlin)	Diskuswurf	68,37 Meter
●	Thomas Röhler (LC Jena)	Speerwurf	90,30 Meter
●	Daniel Jasinski (TV Wattenscheid 01)	Diskuswurf	67,05 Meter

Auch der Gold-Wurf von Thomas Röhler konnte die Bilanz nicht mehr retten, sondern nur noch die Wunden lindern. Für die mit 89 Startern größte Teilmannschaft des Olympia-Teams gab es mit drei Medaillen in Rio nur minimalen Erfolg. „Die Bilanz kann uns nicht zufriedenstellen", musste DLV-Sportdirektor Thomas Kurschilgen feststellen. „Wir wollen dies nicht ausschließlich an der Medaillenbilanz festmachen, aber insgesamt haben zu wenige Athleten – gemessen an ihren Vorleistungen im Saisonverlauf und ihren Positionen in den Weltbestenlisten – am Wettkampftag eine gute Performance gezeigt."

Drei Medaillen und 73 Punkte in der Nationenwertung waren nicht das, was im Vorfeld als realistisch betrachtet worden war und auch nicht das, was die zuletzt so erfolgreiche Nationalmannschaft bei den Olympischen Spielen 2012 in London sowie den anschließenden Weltmeisterschaften 2013 in Moskau und 2015 in Peking gezeigt hatte. Als zweitbeste europäische Nation hinter Großbritannien landete das deutsche Team auf Platz sechs der Länderwertung von Rio.

Größter Rückschlag seit 2008

2012 gab es im ausverkauften Londoner Olympiastadion vor euphorischer Kulisse ein herausragendes Ergebnis von acht Medaillen, das beste seit Sydney 2000, davon eine goldene durch Robert Harting. Die große Pleite im zumeist nur halbvollen Stadion von Rio verhinderten die Diskuswerfer Christoph Harting (Gold) und Daniel Jasinski (Bronze) sowie Thomas Röhler, der am vorletzten Tag der Spiele mit dem Speer einen Volltreffer landete und sich 44 Jahre nach Klaus Wolfermann zum Olympiasieger kürte. Bei aller Freude über den Coup musste auch Cheftrainer Idriss Gonschinska enttäuscht eingestehen: „Ein singuläres Ereignis rettet eine Sportart nicht."

Seit dem Debakel bei den Peking-Spielen 2008 mit nur einem Bronze-Gewinn durch Speerwerferin Christina Obergföll gab es keinen solchen Rückschlag mehr. Bei den darauf folgenden Weltmeisterschaften kämpften die DLV-Asse auf konstant hohem Niveau und holten insgesamt 26 Medaillen. Allerdings: „Der Medaillenspiegel kann keine differenzierte Auskunft über die Potenziale der Athleten einer Nationalmannschaft geben", sagte Idriss Gonschinska. „Er ist mehr Ausdruck einer Momentaufnahme und Symbol eines traditionellen Wettbewerbsgedankens zwischen den einzelnen Nationen."

Keine Sorgenkinder

Als Sorgenkinder des deutschen Spitzensports verstehen sich die Leichtathleten angesichts der geringen Zahl von Medaillen aber auch nicht, versicherte Sportdirektor Kurschilgen. Es gebe keinen Grund, in Panik oder Krisenstimmung zu verfallen und die bisher langfristig erfolgreiche Arbeit auf allen Ebenen sowie die Kernstrategie infrage zu stellen. Zudem müssten auch die fünf hochwertigen vierten Plätze von Rio beachtet werden.

Die Kritik des Deutschen Olympischen Sportbundes (DOSB) war dennoch deutlich. „Das ist eindeutig, ähnlich wie bei den Schwimmern, ein besorgniserregender Zustand", stellte DOSB-Präsident Alfons Hörmann fest. Dieser tue deshalb weh, weil es in der Leichtathletik wie im Schwimmen viele Wettbewerbe gebe. „Das heißt also, wenn in diesen Verbänden das Leistungsniveau nicht erreicht wird und keine angemessene Form von Erfolgen gesichert wird, wird es auch nie die erfolgreiche Gesamt-Olympiamannschaft geben können."

DLV-Cheftrainer Idriss Gonschinska hatte allerdings auch eine Erklärung dafür parat, dass Asse wie die Kugelstoßer David Storl und Christina Schwanitz sowie Diskuswerfer Robert Harting oder Stabhochspringer Raphael Holzdeppe in Rio nicht stachen. „Die Vorbereitungsprozesse einiger deutscher Top-Athleten gestalteten sich durch gesundheitliche Probleme nicht optimal. Und ohne optimale Vorbereitung kann die notwendige Leistungsstabilität nicht entwickelt werden." Die Athleten wollten ihren Olympiatraum verwirklichen und arbeiteten

DIE NATIONENWERTUNG VON RIO DE JANEIRO

		●	●	●	4.	5	6.	7.	8.	Punkte
1	USA	13	10	9	5	5	6	6	7	310
2	Kenia	6	6	1	3	2	2	3	0	131
3	Jamaika	6	3	2	1	2	2	2	2	106
4	Großbritannien	2	1	4	3	3	4	2	3	93
5	China	2	2	2	3	4	1	2	1	81
6	Deutschland	2	0	1	5	3	3	2	1	73
7	Äthiopien	1	2	5	2	2	0	0	2	72
8	Kanada	1	1	4	4	0	1	1	1	65
9	Frankreich	0	3	3	2	1	0	1	2	57
10	Polen	1	1	1	2	1	2	2	0	45
11	Südafrika	2	2	0	0	1	0	0	0	34
12	Australien	0	1	1	2	0	1	3	1	33
13	Neuseeland	0	1	3	0	0	0	0	0	25
14	Ukraine	0	0	1	1	2	1	1	0	24
15	Trinidad & Tobago	0	0	1	1	1	2	1	0	23
15	Brasilien	1	0	0	1	1	1	1	1	23
17	Kroatien	2	0	1	0	0	0	0	0	22
18	Bahrain	1	1	0	0	0	1	1	1	21
18	Tschechische Republik	0	0	1	2	0	0	2	1	21
20	Weißrussland	0	1	0	0	2	0	2	1	20

sehr hart, um wieder Anschluss zu finden. „Das kostet aber auch viel Energie, die dann am Ende auch etwas fehlen kann. Athleten sind keine Maschinen", so Gonschinska.

Trainingslager vermisst

Aufgrund der Gefahren des Zika-Virus und anderer Infektionen sei zudem die Zeit- und Klimaanpassung in Brasilien erschwert gewesen: Das geplante Trainingslager in Brasilia wurde abgesagt. 2015 hatte die Nationalmannschaft auf der Insel Jeju in Südkorea den letzten Schritt der WM-Vorbereitung gemeinsam absolviert – ein wichtiger Faktor für das erfolgreiche Abschneiden in Peking. Sowohl im Hinblick auf die sportliche Vorbereitung als auch auf die Stimmung in der Mannschaft. Letztlich musste aber auch Idriss Gonschinska feststellen: „Zu wenige Athleten haben ihr hohes Leistungspotenzial abgerufen und sich in den sehr harten Konkurrenzsituationen gesteigert."

DLV-Präsident Clemens Prokop will den Rückschlag am Zuckerhut nicht aussitzen, sondern Maßnahmen einleiten, damit aus dem „Ausrutscher" kein tiefer Fall

Einsame Kronzeugin
Die russische 800-Meter-Läuferin Julia Stepanowa war mit Informationen über das russische Staatsdoping-System an die Öffentlichkeit gegangen und hatte so die Enthüllungen ins Rollen gebracht. Dass sie dennoch in Rio nicht starten durfte, verstand kaum ein Sportfan

„Athleten sind keine Maschinen."

DLV-Cheftrainer Idriss Gonschinska über Stars wie David Storl und Christina Schwanitz, die in Rio hinter den Erwartungen zurückblieben

wird. „Bereits in den kommenden Wochen werden wir eine grundlegende Umstrukturierung der Abteilung Leistungssport beim DLV einleiten", kündigte er an. Außerdem sollen „auf der Basis der Analyse der Ergebnisse von Rio sehr sorgfältig die anstehende Verlängerung von Trainerverträgen" geprüft werden, so Prokop.

Damit soll die Leichtathletik nicht nur für die WM 2017 in London wieder auf Vordermann gebracht werden, sondern auch für die Heim-EM 2018 in Berlin und langfristig für die Olympischen Spiele 2020 in Tokio. Als Grund für das magere Abschneiden wird im DLV aber auch die dichte Abfolge von EM und Olympia angeführt. Bei den kontinentalen Titelkämpfen in Amsterdam hatten die deutschen Leichtathleten mit 16 Medaillen aufgetrumpft – und ihr Pulver schon verschossen? „Vielleicht haben viele alles in die EM reingelegt. Was man hat, das hat man", meinte Stabhochspringerin Lisa Ryzih, die EM-Zweite von Amsterdam.

Dass die Nationenwertung von Rio mit 73 Punkten deutlich weniger düster aussieht als der Medaillenspiegel, liegt daran, dass viele deutsche Athleten auf den Rängen vier bis acht zum Teil großartige Leistungen zeigten. So gab es denn auch mehr als anderthalb Mal so viele Nationenpunkte wie bei den Spielen von Athen 2004 und Peking 2008.

Mihambo und Kazmirek stark

Mit Bestleistungen präsentierten sich im Weitsprung Malaika Mihambo (6,95 Meter) und im Zehnkampf Kai Kazmirek (8580 Punkte) auf Tuchfühlung mit den Top Drei der Welt. Auch Hammerwerferin Betty Heidler bei ihrem letzten Olympia-Auftritt und die jungen deutschen Staffel-Sprinterinnen – fast alle bei ihrer Olympia-Premiere – schrammten nur knapp am Podest vorbei. Der junge Johannes Vetter im Speerwurf landete mit überzeugender Leistung ebenfalls auf dem vierten Platz. Mit fünften Plätzen meldeten sich darüber hinaus ein starker Christopher Linke im 20 Kilometer Gehen, Cindy Roleder über die Hürden und Carolin Schäfer im Siebenkampf zu Wort. Der deutsche Rekord über die Hindernisse brachte die Frankfurterin Gesa Felicitas Krause auf Platz sechs.

Richtung Heim-EM 2018 in Berlin ist der DLV jetzt gefordert, die Neuformierung der Nationalmannschaft einzuleiten. Und dabei nicht zu vergessen, dass dieses Heimspiel ein Zwischenziel auf dem Weg zu den Olympischen Spielen 2020 in Tokio ist. „Natürlich möchten wir die Bilanz von Rio bei den folgenden internationalen Meisterschaften deutlich korrigieren", blickte Idriss Gonschinska noch in Rio voraus.

Imageschaden fürs IOC

Anti-Doping-Kampf: **Russland suchte man in der Olympia-Nationenwertung der Leichtathletik vergeblich. Im Gegensatz zum IOC hatte der Weltverband IAAF die russichen Athleten bis auf Weitspringerin Daria Klischina nach dem Bekanntwerden des dortigen Staatsdopings von den Rio-Spielen ausgeschlossen. Für DLV-Präsident Clemens Prokop war das die richtige Entscheidung. Er kritisierte das IOC und seinen Präsidenten Thomas Bach dafür, nicht allen russischen Sportlern in allen Sportarten den Start in Rio verboten zu haben: „Das hat Bachs Image geschadet."**

DLV-Präsident Clemens Prokop ging mit dem Internationalen Olympischen Komitee zum Abschluss der vom russischen Staatsdoping-Skandals überschatteten Sommerspiele in Rio noch einmal hart ins Gericht. „Ich halte die Entscheidung, Russland nicht komplett von den Spielen ausgeschlossen zu haben, nach wie vor für falsch. Das IOC hat viel an Glaubwürdigkeit im Anti-Doping-Kampf eingebüßt", sagte der DLV-Chef.

Zugleich übte er Kritik an dem deutschen IOC-Präsidenten Thomas Bach. „Ich sage ganz offen: Auch der Präsident des IOC hat einen schweren Imageschaden erlitten", meinte Prokop. Die Ankündigung von „härtesten Sanktionen" nach Aufdeckung des Doping-Skandals in Russland und die „fast folgenlose Hinnahme von Betrugsvorgängen" bei Olympischen Spielen passe nicht zusammen. Bei den Winterspielen 2014 in Sotschi waren positive Doping-Proben auch von russischen Medaillengewinnern vertuscht oder manipuliert worden. „Das IOC muss ganz klar seine Politik verändern, sie muss an den Interessen des Sports ausgerichtet werden und nicht vordergründig nach politischen Interessen. Sonst wird der Sport in eine krisenhafte Situation kommen", forderte Prokop.

Vorbildlicher Weltverband IAAF

Für richtig hält er, dass der Leichtathletik-Weltverband IAAF Härte gezeigt hat und Russlands Sportler von den Olympischen Spielen in Brasilien ausschloss. „Ich freue ich mich über die klaren Positionen, die die IAAF und deren Präsident Sebastian Coe bezogen haben", lobte der Sportfunktionär. „Das ist vorbildhaft für alle anderen Sportarten. Ich würde mir wünschen, dass sich das IOC ein Beispiel daran nimmt."

Als guter Manager der Russland-Krise habe sich Coe erwiesen, der in der Betrugsaffäre um den früheren IAAF-Präsidenten Lamine Diack keine gute Figur machte. „Der Start war für ihn nicht leicht, aber er ist dabei, Statur und Rückgrat zu gewinnen. Er hat eine Konsequenz, die man im Sport selten antrifft", urteilte Prokop. Es gebe eine Reihe von Weltverbänden, die sich ein Beispiel an der IAAF nehmen könnten – „und der IOC-Präsident könnte sich ein Beispiel an Seb Coe nehmen".

Zweifel hegt der 59 Jahre alte Direktor des Amtsgerichts in Regensburg, ob Russland aus dem Skandal etwas gelernt hat. „Die Äußerungen von russischer Seite wecken nicht den Eindruck, dass ein Reformprozess nachvollziehbar in Russland beginnt", sagte er. So lange kein wirklicher Wechsel in Russland erkennbar sei, könne das Land am internationalen Sportgeschehen nicht teilnehmen.

Eine bessere Figur ...

... als IOC-Präsident Thomas Bach (links) machte Leichtathletik-Chef Sebastian Coe (rechts) im Umgang mit dem Staatsdoping in Russland. Das findet zumindest DLV-Präsident Clemens Prokop

Familiensache

Diskuswurf: Auf Harting I. folgt Harting II. Nach Robert Harting 2012 in London holte sich nun in Rio sein Bruder Christoph den Olympiasieg – und feierte das auf seine ganz eigene Weise, die nicht jedem gefiel. Bronze in einem spannenden Wettkampf ging sensationell an Daniel Jasinski.

GERMANY
Rio2016
JASINSKI

Wieder rangekämpft

Nach mehreren Verletzungen hatte sich Robert Harting wieder rangekämpft. Bei den Deutschen Meisterschaften in Kassel holte er sich im letzten Versuch den Sieg und das Olympiaticket

Ungläubige Freude

Er steht immer etwas im Schatten der Harting-Brüder – in Rio hatte Daniel Jasinski seinen ganz großen Moment. Mit Olympia-Bronze holte er sich seine erste internationale Medaille

Er zerriss sein Trikot nicht. Anders als sein Bruder Robert vier Jahre zuvor in London posierte Christoph Harting nach seinem olympischen Sensationsgold mit dem Diskus nicht für die Fotografen. Im Gegenteil – er will ganz anders sein. „Extrovertierte Menschen wollen wahrgenommen werden. Ich bin ein introvertierter Mensch und fühle mich völlig unwohl hier", sagte Christoph Harting bei der Sieger-Pressekonferenz. Erst dort kommentierte er seinen Coup von Rio de Janeiro, aber beantwortete keine einzige Frage.

Zuvor hatte sich Christoph Harting nach seinem finalen Gold-Wurf in alle Richtungen verbeugt, dann die Deutschland-Fahne um die Hüften gebunden, ehe er wortlos davongeeilt war. „Er will seine Ruhe haben und seine Leistung sprechen lassen", sagte sein Trainer Torsten Lönnfors zum kommentarlosen Verschwinden des Sensationssiegers. Der dann mit seinem Auftreten bei der Siegerehrung Aufsehen erregte.

Harting machte während der Medaillenzeremonie Faxen, verschränkte die Arme, schnitt Grimassen und schunkelte beim Abspielen der Nationalhymne. „Ich bin ein Mensch, der Rhythmus braucht, der Rhythmus liebt", meinte er. „Es ist schwer, zur Nationalhymne zu tanzen, habe ich festgestellt."

Harting erklärt sein Verhalten

Später versuchte er sein Verhalten zu erklären: „Wie bereitet man sich darauf vor, Olympiasieger zu werden? Ich meine, selbst bei aller Tagträumerei, die man irgendwie vollziehen kann – so etwas kannst du dir nicht vorstellen, das kannst du dir nicht ausmalen. Du bist im Kopf eigentlich völlig woanders, du bist hormon-technisch völlig übersteuert", sagte der 26 Jahre alte Berliner. „Stillstehen war nicht so meins, deswegen ist das vielleicht falsch angekommen. Ich wollte es genießen, auf meine Weise."

Vor vier Jahren in London hatte Hartings großer Bruder Robert Gold geholt, in Rio de Janeiro schied er gehandicapt durch einen Hexenschuss schon in der Qualifikation aus. Nach den Rückenproblemen brachte es Harting nur auf einen

Der Christoph-Harting-Stil

Er schunkelte, zappelte, feixte und schnitt Grimassen. Christoph Harting hatte seinen ganz eigenen Stil, seinen Triumph bei der Siegerehrung zu feiern. „Ich wollte es auf meine Art genießen, vielleicht ist das falsch angekommen", meinte er später

gültigen Versuch. 62,21 Meter waren zu wenig. Dafür schaffte es auch der Wattenscheider Daniel Jasinski überraschend als Bronzemedaillengewinner auf das Siegertreppchen. „Unglaublich, ich freue mich riesig", sagte Jasinski, der im letzten Versuch mit 67,05 Metern bis auf elf Zentimeter an seine Bestleistung herankam und sich noch vom vierten Platz auf die Medaillenränge schob, wo er zuvor schon lange gelegen hatte. „Man denkt sich natürlich: Jetzt habe ich die ganze Zeit eine Medaille gehabt – die will ich auch wieder haben. Da gibt man noch mal 150 Prozent", sagte er. Wie 2008 in Peking ging Silber an den Polen Piotr Malachowski (67,55 m).

Der Berliner Christoph Harting machte seinen Triumph im letzten Durchgang mit 68,37 Metern perfekt. Damit trat der 26-Jährige endgültig aus dem Schatten seines Bruders Robert und dürfte in Zukunft dessen größter Konkurrent sein. „Ich wusste, was er drauf hat und habe ihm gesagt, die Traube hängt bei 68 Metern", sagte Coach Lönnfors, der nun einen noch größeren Konkurrenzkampf in seiner Trainingsgruppe unter den Hartings erwartet.

Keine große Bruderliebe

Die beiden eint zwar die Hingabe für das Diskuswerfen, sonst aber nicht besonders viel. Bruderliebe? Eher kaum. „Die beiden sind zwei völlig unterschiedliche Typen. Völlig unterschiedliche Persönlichkeiten mit unterschiedlichen Sichtweisen und Herangehensweisen", meinte der Trainer.

„Was der eine mag oder tut, ist für den anderen ein No-Go. Das betrifft beide Seiten, weil sie so weit auseinander liegen mit ihren Sicht- und Handlungsweisen sowie ihrem Verständnis für Sport und die Welt. Das ist halt leider so und prallt manchmal aufeinander." Während Robert immer etwas Neues wolle, den Fortschritt, die Innovation, stehe für Christoph hingegen der Spaß im Vordergrund.

Im zweiten Versuch hatte Christoph Harting mit 66,34 Metern gleich klargemacht, dass er im Finale ohne seinen Bruder Großes vorhat. Vor seinem letzten Wurf lag er dann aber nur auf dem vierten Rang, bis ihm mit der persönlichen Bestweite von 68,37 Metern noch die große Überraschung gelang. „Ich wusste, dass ich gewinne. Einfach, weil es ein Bauchgefühl war." Und auch sein Bruder hatte da so ein Gefühl gehabt. „Wir haben noch einen Harting im Finale und der kann eine Medaille holen", hatte Robert Harting nach seinem Aus prophezeit. Er verfolgte das Geschehen von der Tribüne.

„Was der eine mag oder tut, ist für den anderen ein No-Go.“

So beschreibt Torsten Lönnfors die Brüder Robert und Christoph Harting, die er beide als Trainer betreut. Während Robert Harting der Nachdenkliche ist, der stets auf der Suche nach Neuem und nach Fortschritt sei, gehe es dem sechs Jahre jüngeren Christoph vor allem darum, Spaß zu haben.

Christoph Harting feierte in diesem Jahr seinen Aufstieg in die Weltelite. Bei einem Meeting in Dessau schaffte er mit 68,06 Metern den bis Rio weitesten Wurf seiner Karriere, der ihn zugleich auf Augenhöhe mit seinem Bruder brachte. Allerdings konnte der berühmtere Robert, dessen Saison durch Verletzungen nicht optimal lief, bei den Deutschen Meisterschaften im Familien-Wettstreit mit dem neunten Titelgewinn den aufstrebenden Bruder noch im letzten Versuch in die Schranken weisen. Bei der EM, wo Robert Harting zugunsten des Trainings für Olympia auf einen Start verzichtete, hatte sein Bruder auch schon im letzten Versuch seine beste Weite gezeigt. Mit 65,13 Metern war er da aber noch um 14 Zentimeter an einer Medaille vorbeigeschrammt.

„Nur der Sport kann solche fantastischen Geschichten schreiben, die kein

adidas
GERMANY
DOSB
Rio2016

Ein Wettkampf, zwei Geschichten

Während Daniel Jasinski (links) bei Olympia den bislang größten Erfolg seiner Karriere feierte, erlebte Robert Harting (oben) einen Tiefpunkt. Nach dem Olympiasieg 2012 schied er nach vielen Verletzungssorgen im Vorfeld und einem Hexenschuss am Vortag des Wettkampfs schon in der Qualifikation aus

Drehbuch sich ausdenken kann", meinte DLV-Sportdirektor Thomas Kurschilgen. „Christoph ist ein Athlet mit einem riesengroßen Potenzial, der kontinuierlich an sich und seinen Fähigkeiten gearbeitet hat und bei den Spielen eindrucksvoll zeigen konnte, dass er ein absoluter Weltklasseathlet ist."

Ein absoluter Weltklasseathlet, das ist nach wie vor auch Robert Harting. Aber nach seinem Qualifikations-Aus brauchte er Ruhe, um sich ausführlich Gedanken über seine genaue sportliche Zukunftsplanung zu machen. „Ich werde mir ein bisschen Zeit nehmen und ein paar klare Gedanken finden und hoffen, dass man ein gutes Ergebnis für die nächsten beiden Jahre rauskriegt", kündigte Harting an.

Kreuzbandriss, Quadrizepssehnenriss, Muskelfaserriss und dann noch kurz vor dem Wettkampf im Olympiastadion ein Hexenschuss. „Ich muss ehrlich zugeben, das war zuviel", räumte der 31-Jährige ein. In einer Nachricht an seine Fans meldete sich Harting später noch einmal zu Wort. Er bedankte sich für ihre Unterstützung, musste aber enttäuscht konstatieren: „Ich war in meinem Leben noch nie so traurig."

Robert Harting greift Bach an

Auch außerhalb des Diskusrings hatte sich Robert Harting in diesem Jahr wieder positioniert. Nachdem das Internationale Olympische Komitee (IOC) darauf verzichtet hatte, trotz Belegen für systematisches Staatsdoping einen Olympia-Bann für die komplette russische Mannschaft auszusprechen, attackierte Harting IOC-Präsident Thomas Bach. „Er ist für mich Teil des Doping-Systems, nicht des Anti-Doping-Systems. Ich schäme mich für ihn", schimpfte Robert Harting. Bach wehrte sich: „Es ist eine nicht akzeptable Entgleisung, wenn man jemanden, der nicht der eigenen Meinung ist, in derartiger Art und Weise beleidigt", sagte er und bewertete die Aussage als „nicht hinnehmbar".

Was das Diskuswerfen betrifft, muss sich Harting nach eigenen Angaben jetzt „eine Idee holen, wie es jetzt weitergeht, das ist ja auch ein ermüdender Prozess." Schon die Vorbereitung auf Olympia verlief alles andere als verheißungsvoll. Nach seinem Kreuzbandriss im Herbst 2014 musste er lange aussetzen, dann plagte ihn eine Brustmuskel-Verletzung. Das Knie streikte immer wieder. Mit Blick auf die Leichtathletik-EM 2018 in Berlin kündigte Harting an: „2018 ist dann wirklich auch Schluss." Später ergänzte er: „Ich muss das irgendwie schaffen. Momentan fällt es aber schwer, in die Zukunft zu denken."

Rio2016
SCHAFER

Durchgestartet

Carolin Schäfer: **Nach einem Schicksalsschlag und drei nicht beendeten Mehrkämpfen im vergangenen Jahr, meldete sich Carolin Schäfer eindrucksvoll zurück. Und die neue Bestleistung von 6557 Punkten und Platz fünf bei Olympia sollen noch lange nicht das Ende ihrer Entwicklung gewesen sein.**

Was für ein Jahr für Carolin Schäfer. Drei Siebenkämpfe bestritt die 24-Jährige, stellte mit 6557 Punkten eine neue Bestleistung auf und auch ihre beiden anderen Mehrkämpfe der Saison gehören zu den vier besten, die sie jemals gezeigt hat. Lediglich das i-Tüpfelchen, eine Olympia-Medaille, fehlte. Dennoch war die Friedrichsteinerin mit dem fünften Platz und 6540 Punkten in Rio hoch zufrieden.

„Das waren zwei großartige Tage. Ich bin fast an meine Bestleistung herangekommen", sagte Schäfer nach dem abschließenden 800-Meter-Lauf. Es fehlten nur 17 Zähler. „Ich bin die fünfbeste Siebenkämpferin der Welt bei meinen ersten Olympischen Spielen. Das ist großartig und bewegend."

Traum von 6600 Punkten

Ihre neue Bestleistung hatte sie gleich bei ihrem Saisoneinstand im österreichischen Götzis erzielt. 6557 Punkte Ende Mai ließen den Traum von 6600 Punkten und einer Olympia-Medaille aufkommen. Und tatsächlich lag Carolin Schäfer in Rio auch lange auf Kurs, das Ziel zu erreichen und den Sprung in die ewige Top-Ten des deutschen Siebenkampfs zu schaffen. Nach einem guten Start sprintete sie über die Hürden zur neuen Bestleistung von 13,12 Sekunden, im Hochsprung blieb sie mit 1,83 Metern nur einen Zentimeter unter ihrem Hausrekord.

Fehlte ihr hier noch ein Zentimeter, so packte sie diesen im Kugelstoßen auf ihre bisherige Bestmarke drauf: 14,57 Meter. Zu diesem Zeitpunkt lag sie bereits 74 Punkte über ihrem Zwischenergebnis vom Bestleistungs-Siebenkampf in Götzis. Über 200 Meter musste sie dann allerdings dem langen Wettkampftag Tribut zollen: In 23,99 Sekunden ließ sie wertvolle Punkte liegen. 28 Zähler lag sie zu diesem Zeitpunkt gerade mal hinter den Medaillenrängen. „Es war ein super langer Tag. Aber es war ein guter Einstand bei Olympischen Spielen. Mit der Punktzahl nach Tag eins kann ich gut arbeiten", zog sie ein zufriedenes Zwischenfazit.

Zitterpartie an Tag zwei

Zwei ungültige Versuche – das war sicher nicht der Start in Tag zwei, den sich Carolin Schäfer vorgestellt hatte. Doch die Hessin bewahrte die Nerven. In Runde drei flog sie auf 6,20 Meter, nur elf Zentimeter unter Bestleistung, und wahrte damit auf Rang sechs (4848 Punkte) einen Platz in direkter Nähe zu den Medaillenkandidatinnen. Während zu diesem Zeitpunkt 6600 Punkte noch möglich waren, rückte dieses Ziel mit dem Speerwurf in weite Ferne. 47,99 Meter waren zwar ein gutes Ergebnis, für eine neue Gesamt-Bestleistung hätte sie aber ein Resultat im Bereich ihrer Speerwurf-Bestmarke von 50,73 Metern anbieten müssen. In 2:16,52 Minuten zeigte sie über 800 Meter noch einmal die drittbeste Zeit ihrer Karriere, für 6600 Punkte, eine neue Bestleistung oder gar eine Medaille war das aber zu wenig.

„Fünfter Platz, das ist megageil, das war vorher mein Traum", sagte sie trotzdem mehr als zufrieden. „Und das alles nach einem harten Jahr 2015." Im vergangenen Jahr war ihr Freund tödlich verunglückt, die Wettkämpfe bei der Hallen-EM, in Ratingen und bei der WM hatte sie nicht beendet. „2016 ist dann einfach mein Jahr geworden! Klar, ich hatte vorher auf 6.600 Punkte gehofft, aber dass daraus nichts geworden ist, kann ich gut abhaken. Der Zeitplan hat mir schwer zu schaffen gemacht, die Pausen haben sehr gezehrt, da war die Punktzahl schon hoch gegriffen – auch wenn sie nicht utopisch war. Darauf kann man in den nächsten Jahren gut aufbauen."

Perfektes Jahr

Thomas Röhler: Zweimal hatte Thomas Röhler vor Olympia über 91 Meter und sich damit in die Favoritenposition geworfen. Nach einer Verletzung bei der EM wurde er rechtzeitig wieder fit, um ein grandioses Jahr mit dem Olympiasieg zu krönen.

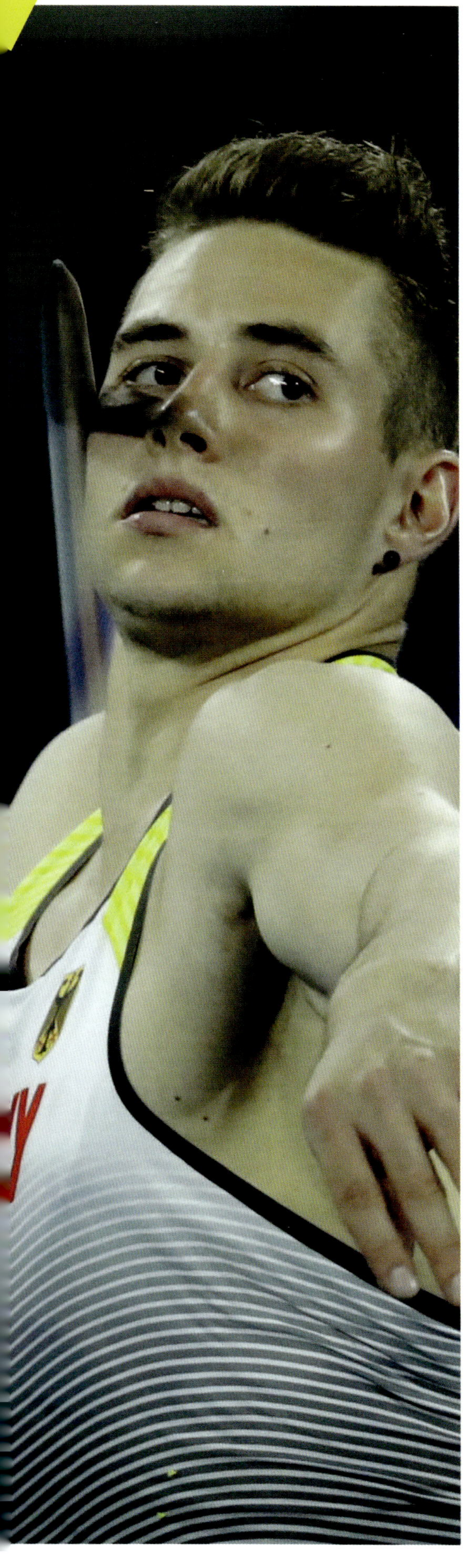

„Das ist verrückt. Ich bin super happy."

So kommentierte Speerwerfer Thomas Röhler seinen Olympiasieg. Mit 90,30 Metern hatte er im fünften Versuch die 88,24 Meter des Kenianers Julius Yego gekontert.

Versonnen blickte Thomas Röhler auf die Goldmedaille, die um seinen Hals hing, und sagte – voller Staunen und Stolz – als erstes diesen Satz: „Seit 44 Jahren hat Deutschland wieder einen Speerwurf-Olympiasieger." Die sporthistorische Bedeutung seines Gold-Coups war dem 24-Jährigen aus Jena schnell bewusst. 1972 in München war Klaus Wolfermann zuletzt dieses Kunststück gelungen.

Nun setzte Röhler einen glanzvollen Schlusspunkt am letzten Leichtathletik-Abend im Olympiastadion von Rio de Janeiro und bescherte dem zeitweise schwer gebeutelten deutschen Team den zweiten Sieg nach Diskuswerfer Christoph Harting. „Es war ein schwieriger Wettkampf, der hinten raus super funktioniert hat", jubelte Röhler. „Olympiasieger! Mehr kann ich nicht sagen. Das ist ziemlich verrückt. Ich bin super happy."

Ob er Wolfermann denn kenne, wurde Röhler gefragt. „Ich hab' ihn schon mal gesehen, mal gegrüßt. Er hat mir mal zugewunken. Aber geredet habe ich nicht mit ihm." In der Pressekonferenz wurde der Goldmedaillengewinner fälschlicherweise als erster deutscher Speerwurf-Olympiasieger seit 1936 vorgestellt. Da grinste Röhler die Journalisten an. 1936 hatte Gerhard Stöck gewonnen. Später war es noch Wolfermann gelungen. Der gratulierte seinem Nachfolger: „Ich habe heute Nacht alles verfolgt und mich riesig gefreut. Da kann man nur gratulieren, gratulieren und nochmals gratulieren", sagte der Goldmedaillengewinner der Olympischen Spiele 1972 in München. „Ich habe es an seinen leuchtenden Augen gesehen: Da war viel Aggressivität und die Körpersprache: Ich will, ich will!" Er traue dem Thüringer auch in den kommenden Jahren stabile Würfe zwischen 90 und 95 Metern zu.

Im fünften Durchgang hatte der WM-Vierte von 2015 sein 800 Gramm schweres Wurfgerät auf 90,30 Meter befördert. Strahlend winkte er nach seinem letzten Versuch ins Publikum und ließ sich auf einer Ehrenrunde mit der deutschen Fahne um die Schultern feiern. „Ich hatte schon beim Aufstehen ein super Gefühl. Es war ein super Jahr – das ist die Krönung", sagte Röhler. Er war als Weltjahresbester mit 91,28 Metern angereist, jagte aber lange der Führungsweite von Julius Yego nach, der 88,24 Meter vorgelegt hatte. Am Ende ging Silber an den Weltmeister aus Kenia, der sich allerdings mit den eigenen Spikes an der Wade verletzte und die letzten zwei Würfe nicht mehr absolvieren konnte. Bronze gewann vier Jahre nach seinem Sensations-Olympiasieg in London Keshorn Walcott aus Trinidad und Tobago mit 85,38 Metern.

Vetter hauchdünn hinter Bronze

Nur sechs Zentimeter dahinter lag Johannes Vetter aus Offenburg, der sich aber nicht nur über seine eigene Leistung freute, sondern auch vom neuen Olympiasieger schwärmte: „Einfach bombastisch! Er hat es sich wirklich verdient nach dem Jahr", meinte er zu Röhler. „Ich bin mehr als zufrieden mit meiner eigenen Leistung! Vor zwei Jahren war ich Fünfter in Deutschland und habe keine 80 Meter geworfen – und jetzt werde ich hier Vierter. Natürlich war es knapp und ich hätte mir gerne die Bronzemedaille geholt, die wäre auch drin gewesen. Aber trotzdem ist der vierte Platz einfach nur hammergeil, einfach Wahnsinn."

Grandioser Wettkampf wird nicht belohnt

Johannes Vetter zeigte einen starken Wettkampf, warf in allen seinen vier gültigen Versuchen 81,74 Meter oder weiter. Mit 85,32 Metern – dem fünftbesten Wettkampf seiner Karriere – lag er letztlich nur sechs Zentimeter hinter Bronze

Bei der WM vor einem Jahr in Peking hatte Röhler die Bronzemedaille nur um 23 Zentimeter verfehlt – und das obwohl er fünfmal über 86 Meter geworfen und mit 87,41 Metern eine absolute Top-Weite angeboten hatte. Bei der EM im Juni in Amsterdam war er wegen eines Muskelfaserrisses im Rücken nur Fünfter geworden und mit 80,78 Metern mehr als zehn Meter hinter seiner Bestleistung zurückgeblieben. Die hatte er Ende Juni im finnischen Turku auf 91,28 Meter gesteigert und im gleichen Wettkampf noch 91,04 Meter weit geworfen. Damit schob er sich auf Platz zwei der ewigen deutschen Bestenliste – nur der deutsche Rekordler Raymond Hecht hat mit 92,60 Metern weiter geworfen. Auch weltweit kratzt er als Elfter an der ewigen Top Ten.

Pokern in der Qualifikation

In der Qualifikation in Rio hielt er sich bewusst zurück: „Es war ein Risky-Plan, aber er hat voll funktioniert." Und dann verriet der Thüringer, wie er seine weiten Würfe plant. Vor der Ausscheidung war er im Stadion, hat Fotos gemacht und sich eine Stelle ausgesucht, die er anpeilt: „Wir arbeiten viel mit Punkten. Ich suche mir einen Punkt, den ich anvisiere." Welcher das diesmal war? „Eine Treppe – oder was weiß ich. Sie können ja suchen gehen", meinte er lachend.

Genauso geht Röhler vor, wenn er dem Hobby vieler Speer-Asse nachgeht: Streichholzwerfen – mit gaaanz viel Gefühl. „Ich habe schon 32 Meter geworfen", verriet er in einem Interview der „Frankfurter Allgemeinen Zeitung". Wenn man das Streichholz an der richtigen Stelle – an seinem Schwerpunkt anpacke, und man Wurfgefühl habe, sei es möglich, es so weit zu werfen. „Es fängt an zu fliegen wie ein Speer. Die Kunst ist, so wenig Kraft wie möglich einzusetzen. Man wirft es ähnlich wie einen Dart-Pfeil."

Uwe Hohn, der Hundert-Meter-Werfer mit dem alten Speer, soll einen persönlichen Rekord von 34 Metern haben. Klaus Wolfermann könnte Röhler nun mal fragen, wenn sich die beiden bisher einzigen deutschen Olympiasieger in dieser klassischen Disziplin treffen sollten. Den Film von Wolfermanns Triumph 1972 kennt Röhler natürlich. Das brachte ihn aber nicht groß weiter: „Das war ein alter Speer. Das können wir uns inhaltlich nicht ansehen, das würde uns nicht helfen."

Lohn für alle Mühen
Ein bisschen ungläubig, andächtig – und vor allem stolz. Das war Thomas Röhler nach seinem Olympiasieg

„Es geht alleine darum, einander zu lieben."

Das sagte 800-Meter-Läuferin Caster Semenya über den Umgang, den Menschen miteinander pflegen sollten. Auf den Umgang vieler mit ihr trifft das nicht zu.

Schweigen ist Gold

Caster Semenya: **800-Meter-Läuferin Caster Semenya lief bei Olympia über 800 Meter in einer eigenen Liga und unangefochten zu Gold. Das fachte die Diskussion um ihr Geschlecht und darum, ob sie bei den Frauen starten darf, erneut an.**

In ihrem grünen Laufanzug schritt Caster Semenya nach dem Olympia-Vorlauf schnurstracks durch die Katakomben des Olympiastadions von Rio. Die Südafrikanerin sagte mal wieder nur sehr wenig. Die kantige Weltmeisterin von 2009 über 800 Meter in Berlin gewährt kurze Blicke. Mehr nicht. Als Gesprächsstoff genügt auch das. „Es war nicht einfach", erzählte sie nach ihrem Vorlauf bei Olympia. „Es war ziemlich heiß."

Und auch nach dem Finale war sie kaum redseliger. In 1:55,28 Minuten hatte sie einen neuen südafrikanischen Landesrekord aufgestellt, war genau auf drei Sekunden an den Weltrekord herangelaufen und hatte Francine Niyonsaba (Burundi; 1:56,49 min) und Margaret Nyairera Wambui (Kenia; 1:56,89 min) auf die Plätze verwiesen. Wieder einmal stand aber nicht Semenyas Leistung im Mittelpunkt, sondern vielmehr ihr Aussehen, ihr Geschlecht und der Umgang des Leichtathletik-Weltverbandes (IAAF) damit. „Ich bin nicht hier, um über die IAAF und Spekulationen zu sprechen. Ich bin hier, um über meinen Auftritt heute Abend zu sprechen", betonte Semenya nach ihrer Gold-Vorstellung.

Doch das war in den letzten sieben Jahren selten der Fall. Semenyas Goldlauf vom 19. August 2009 bei der WM in Berlin wurde von einer Debatte um ihr Geschlecht überschattet. Fast mühelos ließ die damals 18-Jährige ihre Konkurrenz in 1:55,45 Minuten hinter sich. „Die ist doch ein Mann", schimpfte die unterlegene italienische Mittelstreckenläuferin Elisa Cusma.

Anschließend wurde durch den Leichtathletik-Weltverband ein Geschlechtstest angeordnet, der offenbarte, dass Semenya intersexuell ist und einen extrem hohen Testosteronspiegel aufweist. Diese biologisch bedingte Tatsache verschafft der Läuferin einen natürlichen Vorteil. Es folgte ein elfmonatiges Startverbot. 2011 führte die IAAF dann wiederum eine Regel zum Umgang mit Sportlerinnen ein, die einen hohen männlichen Hormonwert aufweisen. Diese durften starten, wenn sie mithilfe von Medikamenten ihren Testosteronspiegel auf ein Maß senkten, dass für Frauen normal ist. Ende Juli 2015 hob der Internationale Sportgerichtshof (CAS) diesen Passus vorläufig wieder auf. Seitdem verblüfft die Olympia-Zweite von London 2012 wieder mit Spitzenzeiten.

Weltrekord greifbar

Ihr Auftakt am Zuckerhut war nicht mehr als eine Pflichtübung. Ungefährdet erreichte Semenya als Schnellste ihres Vorlaufs in 1:59,31 Minuten das Halbfinale, wo sie in 1:58,15 Minuten ebenfalls siegte. Anfang des Jahres erklärte Semenya dem südafrikanischen Fernsehsender SABC ihr Erfolgsgeheimnis: „Wir arbeiten hart und sind auf dem richtigen Weg." Viel mehr lässt sich die Läuferin, die nach ihrem WM-Triumph immer wieder von Verletzungen ausgebremst wurde, nicht entlocken. Zu ihrem Schicksal selbst hat sie öffentlich nie ein Wort verloren. Mann oder Frau?

Die Inderin Dutee Chand ist ein vergleichbarer Fall. Bei der Tochter einer mittellosen Weberfamilie, die in Rio das Halbfinale über 100 Meter klar verpasste, wurde Hyperandrogenismus festgestellt. Dabei handelt es sich um Symptome, die auf einen Überschuss an männlichen Hormonen hindeuten.

Über kurz oder lang ist Caster Semenya auch ein neuer Weltrekord zuzutrauen. Der steht seit 1983 bei 1:53,28 Minuten – gehalten von der (sehr maskulin aussehenden) Tschechin Jarmila Kratochvilova. Semenya selbst sind Bestmarken nicht wichtig. „Ich konzentriere mich auf keinen Weltrekord", beteuerte sie. Sie wolle den Wettkampf genießen. „Zeiten haben keine Bedeutung, Medaillen schon."

Die Südafrikanerin äußerte sich lieber zu anderen Themen. „Es geht alleine darum, einander zu lieben. Es geht nicht darum, andere Menschen zu diskriminieren. Es geht nicht darum, wie Menschen aussehen, wie sie sprechen", sagte Semenya. Wenn man sich im Wettkampf messe, denke man nur an seinen sportlichen Auftritt, „nicht wie dein Kontrahent aussieht." Semenya betonte: „Der Sport soll Menschen einen, das wollen wir weitermachen."

DKB
RMANY
SPAR

EM-Triple

David Storl: Als erster Kugelstoßer der Geschichte hat David Storl dreimal Gold bei Europameisterschaften gewonnen – und das sogar in Folge! Das Triple war für den Leipziger trotzdem nur nebensächlich, für ihn zählte nur Olympia. Doch da lief plötzlich alles schief.

Verhaltene Freude
David Storl zeigt seine dritte goldene EM-Medaille. In Gedanken war er aber schon in Rio, wo er Olympia-Gold holen wollte

Das dritte EM-Gold mit 21,31 Metern war schön und gut, aber nur Nebensache. „Dreimal Europameister zu werden mit 25 Jahren, ist erstmal nicht schlecht“, sagte Kugelstoß-Star David Storl. Der Leipziger schrieb damit auch Geschichte: Mit seinem dritten EM-Gold in Folge sammelte er mehr Goldmedaillen bei einer EM als alle Kugelstoßer vor ihm. Das war für ihn aber trotzdem nur Nebensache. Für ihn zählte in diesem Jahr nichts anderes als der Olympiasieg in Rio: „Was denn sonst?“

Im vergangenen Jahr war der 120 Kilogramm schwere Athlet zum gleichen Zeitpunkt allerdings ganz anders drauf. Am 9. Juli 2015 gelang ihm beim Diamond League-Meeting in Lausanne mit 22,20 Metern der erste Stoß über die 22-Meter-Grenze. Das nützte ihm bei der WM gut einen Monat später in Moskau auch nichts: US-Koloss Kovacs entthronte Storl, der mit 21,74 Metern Zweiter wurde.

„Letztes Jahr war eine sehr gute Saison. Da war ich körperlich auf einem anderen Niveau“, sagte Storl. „Seit der Winterpause muss ich mir das wieder aufbauen.“ Vor vier Jahren in London fehlten Storl nur drei Zentimeter zu Olympia-Gold. Tomas Majewski besiegte ihn mit 21,89 Metern. Vier Jahre zuvor in Peking gewann der Pole mit 21,51 Metern – Weiten, die Storl sich für Rio zutraute. „Irgendwann platzt der Knoten und ich weiß, ich habe den Rhythmus gefunden“, sagte Storl zuversichtlich. „Die Trainingsleistungen werden noch nach oben gehen, davon bin ich überzeugt. Dann wird es passen für Olympia.“

Frust nach dem Finale

In Rio kam es dann allerdings ganz anders. Für David Storl war es im Kugelstoß-Ring zum Verzweifeln. „Ich bin gar nicht vor dem Stoß runtergekommen, konnte überhaupt nichts mit meiner Bewegung anfangen“, berichtete der zweimalige Weltmeister nach dem olympischen Finale total frustriert. „Dann kommt halt so etwas heraus. Ich hätte auch aus dem Stand stoßen können.“ 20,64 Meter reichten nur zum siebten Platz und dem Eingeständnis: „Das war natürlich schlecht und schon enttäuschend.“

Es war aber nicht nur ein verpatzter Wettkampf, sondern das Spiegelbild einer Saison mit wenig Höhen und so einigen Tiefen. Erst im März konnte der 26-Jährige nach einer langwierigen Patellasehnenentzündung im linken Knie wieder die Kugel durch die Luft fliegen lassen. „Wenn man so spät anfängt, will man es auch mit der Brechstange schaffen“, sagte Storl. Besonders im Olympia-Jahr, in dem er die in seiner Sammlung fehlende Goldmedaille holen wollte. Schließlich hatte er sie 2012 in London nur um drei Zentimeter verfehlt.

„Man fühlt sich hilflos“, beschrieb er die Situation im Endkampf, in dem nichts zusammenlief. Der erste Versuch war ungültig, der zweite Stoß landete nur bei 20,48 Metern. Danach gelangen noch 20,64 Meter und 20,46 Meter. Für den 120-Kilo-Mann, der schon mal 22,20 Meter weit gestoßen hat, sind dies Weiten zum Vergessen. Der bärenstarke US-Amerikaner Ryan Crouser überraschte

mit einem Stoß auf 22,52 Meter. Vier Zentimeter weiter war vor einem Jahr sein Landsmann Joe Kovacs gekommen, der in Rio mit 21,78 Metern Silber gewann. In den 2000er-Jahren gelangen nur Christian Cantwell (22,54 m) und Kevin Toth (22,67 m/beide USA) Weiten in dieser Dimension. Noch weitere Stöße gab es in der anabolen Zeit zwischen 1975 und 1990.

Unglaubliche Steigerung

Die Statistik des Weltverbandes IAAF weist aus, dass Crousers Bestleistung 2014 noch bei 21,39 Meter stand und er 2015 mit 21,11 Meter den besten Wurf hatte. Da ist der plötzliche Leistungssprung beim Gold-Gewinn schon erstaunlich. „Ich kann mir das nicht erklären“, meinte Storl.

Der starke Sachse wird die bittere Enttäuschung von Rio wegstecken müssen, um neu anzugreifen und erfolgreich stoßen zu können. Am Ende des verpatzten Medaillenkampfes zog Storl zwar das Wettkampf-Shirt mit der Aufschrift „Germany“ über seinen Kopf, den Kopf in den Sand stecken will er aber nicht. „Es ist ein kleiner Tiefpunkt“, sagte er – aber kein Grund zur Resignation. „Es geht immer bergauf und bergab. Da gab es schon ganz andere, die sich aus so einem Tal herausgekämpft haben.“

Alles probiert, nichts erreicht

David Storl schuftete nach Verletzungssorgen, um rechtzeitig für Olympia fit und in Gold-Verfassung zu sein. Letztlich lief für den 25-Jährigen in Rio nicht viel zusammen. Die Enttäuschung nach dem Finale war groß

GERMA

Top und Flop

Christina Schwanitz: Gerade einmal acht Wochen Training vor der EM blieben Kugelstoßerin Christina Schwanitz nach einem Sehnenanriss in der Schulter, um wieder fit zu werden. Es reichte – Schwanitz gewann in Amsterdam Gold. Bei Olympia blieb sie als Sechste deutlich hinter den Erwartungen zurück.

Der Medaillenkampf hatte gerade erst begonnen, da riss Christina Schwanitz schon siegesgewiss beide Arme in die Höhe und jubelte. Mit dem ersten Versuch auf 20,17 Meter verteidigte die 30-Jährige bei der Leichtathletik-EM in Amsterdam ihren Titel im Kugelstoßen und ließ der europäischen Konkurrenz einmal mehr nicht den Hauch einer Chance. „Das ist unglaublich. Jetzt ist auch eine Olympia-Medaille realistisch und machbar“, sagte die glückliche Chemnitzerin nach ihrer Ring-Gala.

Dabei war die Weltmeisterin mit einem Handicap in den EM-Medaillenkampf gegangen – sie musste mit einem steifen Hals den richtigen Dreh finden. „Ich habe mich beim Schlafen verlegen. Deshalb war es eine Wackelpartie“, berichtete Schwanitz nach der Qualifikation und fügte erleichtert hinzu: „Deshalb bin ich froh, dass es so gelaufen ist.“

Im Finale sorgte Schwanitz dann gleich für einen Paukenschlag. Sie wuchtete die Kugel auf die europäische Bestweite von 20,17 Meter und schaffte den ersten Stoß in diesem Jahr über die 20-Meter-Marke, dem die Sportsoldatin weitere Versuche auf 19,28, 19,55 und 19,46 Meter folgen ließ. Mit allen hätte sie ebenfalls gewonnen.

Schnell wieder in Gold-Form

Trotz einer höchst schwierigen und kurzen EM-Vorbereitung zweifelte die sächsische Frohnatur nie daran, im Olympia-Jahr rechtzeitig in Schuss zu kommen. Nach einem Sehnenanriss im Schultergelenk konnte sie erst acht Wochen vor der EM wieder mit dem Training beginnen. „Die Leistungen sind schnell wiedergekommen. Da ist nicht alles weg gewesen“, berichtete sie. Trotzdem meinte sie: „Wenn mir einer vor neun Wochen gesagt hätte, ich werde Europameisterin, hätte ich demjenigen eine eindeutige Geste gezeigt. Es ist unglaublich, dass der Körper so leistungsfähig ist.“

So unterschiedlich ...

... können die Emotionen in Wettkämpfen sein. Fünf Wochen liegen zwischen den beiden Bildern bei Olympia in Rio (links) und der EM in Amsterdam (rechts) – und eine ganze Gefühlswelt. Während sich Christina Schwanitz in Amsterdam über eine Saison-Bestleistung (20,17 m) und Gold freute, war sie nach Rang sechs bei Olympia schwer enttäuscht

Begeistert war der Cheftrainer des Deutschen Leichtathletik-Verbandes über das flotte Comeback. „Ein fantastischer Weg zurück in die Weltspitze", sagte Idriss Gonschinska. „Wie sie zurückgekehrt ist, ist beeindruckend", befand auch DLV-Präsident Clemens Prokop.

Allerdings waren die ersten Trainingseinheiten nach der Rückkehr eine ziemliche Plackerei: „Nach 15 Stößen war ich schon platt" – 50 Stöße pro Tag stehen normalerweise auf dem Programm. Geholfen hat Schwanitz beim schnellen Kraftaufbau ihr Coach Sven Lang. „Mein Trainer hat das Feingefühl gehabt, zu gucken, wo muss er mich locken und wann muss er mich schubsen", lobte die Sportsoldatin.

Kein Happy End in Rio

„Ich glaube, dass es mir bei den Olympischen Spielen nicht so einfach gemacht wird", prognostizierte sie schon nach dem EM-Finale. Und sie sollte Recht behalten. Im EM-Finale siegte sie mit 1,45 Metern Vorsprung auf die Ungarin Anita Márton. Im Olympia-Finale war es die Sächsin, die fast genau den gleichen Rückstand auf die Beste hatte: Während Schwanitz nicht über 19,03 Meter hinaus kam, flog die Kugel der neuen Olympiasiegerin Michelle Carter aus den USA auf 20,63 Meter – Landesrekord. Sie verdarb der lange in Führung liegenden Valeri Adams das historische Gold-Triple. 20,42 Meter reichten der Neuseeländerin nicht, um als erste Frau der Geschichte den dritten Olympiasieg in Serie zu schaffen. Bronze holte Anita Marton mit 19,87 Metern.

„Ich habe mir das Ende von dem Abend etwas anders vorgestellt, aber ein sechster Platz bei den Olympischen Spielen ist trotzdem eine honorige Leistung", sagte die 30-jährige Chemnitzerin. „Die Nicht-Weite, die da rauskam, vergessen wir ganz schnell."

Schwanitz quälte sich eher durch das Kugelstoß-Finale. Im ersten Versuch schaffte sie nur 19,03 Meter, machte danach vier ungültige Stöße und kam im sechsten Durchgang nicht über 18,92 Meter hinaus. „Ich hatte überhaupt kein Gefühl für das Kugelstoßen, die Leichtigkeit war weg", sagte Schwanitz.

Dabei war Schwanitz nach der Qualifikation am Vormittag, die sie mit 19,18 Meter im ersten Versuch schnell erledigt hatte, noch sehr zuversichtlich gewesen. Doch anders als noch bei der Europameisterschaft wenige Wochen zuvor wurde der Erfolgsdruck dann doch zur Last. Kein Trost dürfte für die starke Sächsin gewesen sein, dass auch die chinesische Mitfavoritin Lijiao Gong (19,39 m) als Vierte medaillenlos blieb.

Spätes Glück

Eike Onnen: Nach mäßigen Jahren wollte Eike Onnen seine Karriere schon beenden. Doch der Hochspringer machte weiter – und holte im Alter von fast 34 Jahren mit EM-Bronze seine erste internationale Medaille.

Bronze-Lächeln

So strahlt einer, der nach vielen Rückschlägen endlich die ersehnte internationale Medaille gewonnen hat. Eike Onnen jubelte bei der EM in Amsterdam über Bronze. Für den Hochspringer war das die Krönung einer Karriere mit „vielen tiefen Tälern", wie er selbst sagt

Eigentlich hätte Eike Onnen Langstreckenläufer werden müssen. So viel Ausdauer hat der Hochspringer von Hannover 96 in seiner Karriere bewiesen. Schon vor knapp einem Jahrzehnt zählte er zur Weltklasse, 2007 übersprang er 2,34 Meter. Danach folgten Täler, tiefe Täler. Er kämpfte eher mit der Norm für die Deutsche Meisterschaft als mit den Vorgaben für internationale Höhepunkte. „Zwischenzeitlich hatte ich selbst nicht mehr an diesen Erfolg geglaubt", sagte Eike Onnen nach dem größten Triumph seiner Karriere. Im Olympiastadion von Amsterdam sprang der Hannoveraner Mitte Juli zu EM-Bronze und damit zu seiner ersten internatiomalen Medaille.

Im Gleichschritt zu Bronze

Im Finale bestätigte der 33-Jährige den guten Eindruck, den er mit einer fehlerfreien Qualifikation hinterlassen hatte. Ohne Probleme floppte er über 2,19 und 2,24 Meter, bevor er für 2,29 Meter zwei Anläufe brauchte. Im Gleichschritt: der Brite Chris Baker, mit dem sich Eike Onnen schließlich den Bronzeplatz teilte. Denn für beide waren 2,32 Meter zu hoch. EM-Gold ging an den großen Favoriten aus Italien, der traditionell mit halb abrasiertem Bart Anlauf nahm: Gianmarco Tamberi holte mit 2,32 Metern nach Hallen-WM-Gold schon den zweiten Titel des Jahres. Robbie Grabarz (Großbritannien), Europameister von 2012, wurde für im ersten Anlauf gemeisterte 2,29 Meter mit Silber belohnt.

„Die Bedingungen wurden im Wettkampf immer schwieriger. Der Wind dreht von vorn nach hinten und wieder zurück", sagte Eike Onnen. Deshalb scheiterte er auch an den 2,32 Metern. Wenige Wochen später übersprang er diese Marke im „Hochsprung-Mekka" Eberstadt und zeigte einen hervorragenden Versuch über 2,36 Meter: „Die Latte hat sich erst ganz spät überlegt, doch noch zu fallen. Bei den Olympischen Spielen in Rio darf sie gern liegenbleiben."

„Rückschläge gehören dazu"

Sie tat es nicht. In der Olympia-Qualifikation schied Eike Onnen mit 2,26 Metern aus und schlug die Hände vors Gesicht. Aus war der Traum vom Finale und der neuen Bestleistung. „Ich hatte in den Wochen vor Rio nur noch eine gute Technikeinheit. Das war zu wenig", resümierte er. Eike Onnen haderte mit seinem verkorksten Anlauf und verschiedensten Fehler: „Die haben von Sprung zu Sprung variiert."

Ans Aufhören denkt Eike Onnen, der knapp zwei Wochen vor den Olympischen Spielen in Rio 34 Jahre alt ge-

Anflug aufs EM-Podest

Schneller Anlauf, kraftvoller Absprung, saubere Lattenüberquerung: Bei der EM in Amsterdam lief es für Eike Onnen wie am Schnürchen. Bei schwierigen Bedingungen meisterte der Hochspringer 2,29 Meter. Die Höhe war am Ende Bronze wert

worden ist, trotzdem nicht. „Rückschläge gehören zum Sport einfach dazu. Diese Erfahrung macht ja auch gerade meine Schwester Imke, die immer wieder mit Verletzungen zu kämpfen hat. Ich habe mir eine zweite und sogar dritte Chance gegeben. Es hat sich gelohnt. Das sollten vielleicht viele jüngere Sportler beherzigen“, sagte der Deutsche Meister.

Schließlich erfüllte sich der muskulöse Hochspringer seinen Traum von Olympia und der internationalen Medaille erst im fortgeschrittenen Sportleralter. Mit seinem Durchhaltevermögen ist er ein Vorbild für junge Sportler. Denn manchmal kommt das Glück erst spät.

Olympia-Aus

Eike Onnen kann es nicht fassen. In der Olympia-Qualifikation war nach 2,26 Metern Endstation. Das reichte nicht für den Sprung ins Finale

Rekordläuferin

Gesa Krause: Erst der EM-Titel in Amsterdam, dann deutscher Rekord bei Olympia in Rio. Hindernisläuferin Gesa Krause hatte ein grandioses Jahr. Trotzdem war die 24-Jährige nicht ganz zufrieden: Denn der Traum von einer Olympia-Medaille ging nicht in Erfüllung.

EUROPEAN ATHLETICS
EUROPEAN ATHLETICS
DKB
AM STER DAM
AM STER DAM

Der Ehrgeiz von Gesa Felicitas Krause hört auch beim deutschen Rekord nicht auf. „Das Minimalziel habe ich erreicht, aber ich wäre gern schneller gewesen", übte die 24 Jahre alte Europameisterin nach dem sechsten Platz in 9:18,41 Minuten im Olympia-Finale über 3000 Meter Hindernis Selbstkritik. „Deshalb ist es suboptimal gelaufen."

An der alten Bestmarke, die Antje Möldner-Schmidt seit dem WM-Finale 2009 mit 9:18,54 Minuten hielt, war sie zuletzt mehrmals knapp gescheitert. „Ich habe lange darum gekämpft und wäre enttäuscht gewesen, wenn es nicht geklappt hätte", sagte Krause. „Der deutsche Rekord war mein Ziel, die Medaille mein Traum. Wenn man sein ganzes Leben dem Sport unterordnet, hat man auch größere Ziele."

In Rio hat die Frankfurterin aber auch erlebt, dass die Weltelite sehr schnell unterwegs ist. „Da muss ich realistisch sein. Das Niveau habe ich noch nicht, das ist eine andere Liga", bekannte sie. Gold gewann Ruth Jebet aus Bahrain in 8:59,75 Minuten vor Hyvin Kiyeng Jepkemoi aus Kenia (9:07,12 min) und der US-Amerikanerin Emma Coburn (9:07,63 min).

Krause kennt kein Zeitlimit

Krause traut sich momentan Zeiten um 9:15 Minuten zu. „Ich weiß, dass in meinen Beinen mehr steckt", sagte sie. Im vergangenen Jahr hatte die 24-Jährige bei der WM in Peking die Gunst der Stunde genutzt und in einem relativ langsamen Rennen die Bronzemedaille geholt. „Das Rennen war 20 Sekunden langsamer", relativierte sie.

Um ihren Träumen weiter nachzujagen, setzt sie sich kein Zeitlimit für ihre Karriere und denkt über die nächsten Sommerspiele 2020 hinaus. „Auf jeden Fall, ich plane nicht nur bis Tokio", kündigte Krause an. Selbst Zeiten unter der Neun-Minuten-Grenze hält sie nicht für unmöglich. „Wir fangen mal mit 9:10 Minuten an. Wenn ich die in vier Jahren unterboten habe, können wir über die nächste Etappe reden", sagte Gesa Krause in Rio.

Den Rekord im Blick

Mehrmals – unter anderem im EM-Finale und im Olympia-Vorlauf – war Gesa Krause am deutschen Rekord vorbeigeschrammt. Im Finale von Rio war die alte Bestmarke dann endlich Geschichte

Hürdentechnik als Trumpf

Während die Olympiasiegerin Ruth Jebet mit einer ausbaufähigen Hürdentechnik fast gehockt die Hindernisse überquerte, punktet Gesa Krause mit einer ausgefeilten Überquerung. Mit ihr verschafft sich die Deutsche immer wieder kleine Vorteile gegenüber der Konkurrenz

Der Hindernislauf ist für sie mehr als nur ein Sport. Er ist auch eine Möglichkeit, sich zu beweisen, wie weit man kommt, wenn man kein Wunderkind ist. „Ich habe die Gabe zu laufen und die Charaktereigenschaft, ehrgeizig zu sein", sagte Krause. Sie sei nicht die talentierteste Läuferin, sondern jemand der sich viel erarbeitet habe, aber auch wahnsinnig ungeduldig gewesen ist.

„Mittlerweile ist die Geduld eine meiner größten Stärken geworden: geduldig zu bleiben, weiter zu machen, wieder aufzustehen." Deshalb sind die Rio-Spiele für sie nur eine Zwischenstation. „Es war keine schlechte Leistung, aber nicht das i-Tüpfelchen, das ich mir gewünscht hätte", sagte Krause. „Ich bin nicht am Ende meines Weges."

Erster großer Titel in Amsterdam

Auf diesem Weg feierte sie in diesem Jahr aber auch einen großen Etappensieg: Bei den Europameisterschaften in Amsterdam lief sie zu einem überlegenen Sieg. Nach Gold bei U20 und U23-Europameisterschaften war es ihre erste Goldmedaille bei den Erwachsenen. Von Beginn an hatte sie sich an die Spitze des Feldes gesetzt und auf der letzten Runde schüttelte sie auch noch die letzte verbliebene Konkurrentin, die Albanerin Luiza Gega ab. Mit mehr als zehn Sekunden Vorsprung stürmte sie ins Ziel, verbesserte ihre damalige Bestleistung und schrammte in 9:18,85 Minuten nur knapp am deutschen Rekord vorbei. „Genau zwischen persönlicher Bestleistung und deutschem Rekord zu laufen – das zu schaffen, ist auch eine Kunst", meinte sie. In Rio brachte sie den Rekord dann endlich in ihren Besitz.

Rio2016
LUCKENKEMPER
2

Jung & schnell

Sprint Frauen: Sie sind ein starkes Team. Und das zeigten die deutschen Sprinterinnen 2016 auf der Laufbahn. Mit zweimal EM-Bronze sowie Staffel-Platz vier bei den Olympischen Spielen liegt ein beeindruckendes Jahr hinter ihnen.

Das deutsche „Sprint-Küken" ist 2016 zur großen Nummer geworden. Die 19-jährige Gina Lückenkemper krönte eine grandiose Saison der deutschen Sprinterinnen mit EM-Bronze über 200 Meter (22,74 sec), dieselbe Medaille gab's in Amsterdam auch für die deutsche 4x100-Meter-Staffel (42,48 sec). Wenige Wochen später bewiesen Lückenkemper & Co. auch bei den Olympischen Spielen in Rio ihre Top-Form: Rang vier für die Staffel. Dazu überzeugte Gina Lückenkemper auch im Einzel mit Rang 14 über 200 Meter. Zum Finaleinzug fehlten ihr mit 22,73 Sekunden lediglich 24 Hundertstelsekunden.

„Was bei mir in den vergangenen Monaten abgegangen ist, ist mega krass. Ich habe von einer Medaille geträumt. Dass es geklappt hat, ist super geil", sagte Lückenkemper nach ihrem Bronzelauf bei der EM in Amsterdam. Es war die erste Medaille über diese Distanz für Deutschland seit 1998, als Melanie Paschke Dritte wurde. Damals war Gina Lückenkemper gerade einmal ein Jahr alt.

Für ihren weiteren Karriereweg sind für die Athletin der LG Olympia Dortmund nicht Zeiten oder Erfolge das einzig wichtige, sondern dass sie sich dabei ihre Unbeschwertheit bewahrt: „Wenn ich locker bleibe, dann kann ich auch alles schaffen. Das hat man letztes Jahr bei der U20-EM gesehen." Nach dem EM-Erfolg ließ sich Lückenkemper gehüllt in die deutsche Fahne ablichten. „Im letzten Jahr war ich noch Junior, aber ich fühle, dass ich mich entwickelt habe", sagte die jüngste Athletin im deutschen EM-Team.

Kurven-Rakete

Gina Lückenkemper hatte 2016 einen Lauf. Die 19-Jährige gewann zweimal EM-Bronze und stand im Olympia-Halbfinale über 200 Meter (Foto)

Bronze-Quartett

Dem Spaß beim Laufen folgt die Freude bei der Siegerehrung: Rebekka Haase, Gina Lückenkemper, Lisa Mayer und Tatjana Pinto (v.li.) strahlten in Amsterdam über Bronze mit der 4x100-Meter-Staffel. In Rio belegte das Quartett einen starken vierten Olympia-Rang

In diesem Jahr hat die im westfälischen Hamm geborene Sprintern ihre Bestzeiten über 100 und 200 Meter deutlich verbessert. Mit 11,04 Sekunden und 22,67 Sekunden klopft sie an die Tür zur Weltklasse. Speziell auf der halben Stadionrunde – der Paradestrecke Lückenkempers – soll es in Zukunft noch ein wenig schneller werden. Denn Tempo ist das Lebensmotto der Frohnatur: „Ich rede schnell, esse schnell und fahre gern mal schnelle Autos."

So schnell wie nie war 2016 auch Tatjana Pinto. Die EM-Sechste steigerte sich in Mannheim – im selben Rennen wie Gina Lückenkemper – auf glatte 11,00 Sekunden. So flott wie die Sprinterin vom LC Paderborn war seit 25 Jahren keine Deutsche. In derselben Leistungsliga wie Lückenkemper und Pinto spielen auch Lisa Mayer (LG Langggöns/Oberkleen) und Rebekka Haase (LV 90 Erzgebirge).

Das DLV-Quartett schnupperte als Olympia-Vierter über 4x100 Meter mit überzeugenden 42,10 Sekunden an den Medaillen. Nur die USA (41,01 sec) mit der zweitbesten Zeit der Geschichte, Jamaika (41,36 sec) und Großbritannien (41,77 sec) waren in Rio schneller. „Wir wussten, dass wir uns mit den Britinnen um Platz drei streiten. Und sie sind mit Landesrekord ein richtig starkes Rennen gerannt. Aber auch wir haben einen sehr guten Lauf abgeliefert", sagte eine zufriedene Lisa Mayer nach einem starken und nicht undankbaren vierten Platz.

Es muss nicht das letzte olympische Finale dieses Quartetts (Jahresbestzeit: 41,62 sec) gewesen sein. Mit einem Durchschnittsalter von 21,5 Jahren gehört den deutschen Sprinterinnen die Zukunft. Dass sie schon in der Gegenwart mit den Besten mithalten können, haben sie 2016 eindrucksvoll bewiesen.

Silbernes Ende

Linda Stahl: Die Leverkusener Speerwerferin hat längst die Karriere nach der Karriere gestartet. Die Ärztin nahm sich für die Vorbereitung auf EM sowie die Olympischen Spiele unbezahlten Urlaub und wurde überraschend Vize-Europameisterin.

Das Beste kam für Linda Stahl zum Schluss! Mit ihrem finalen Versuch sicherte sich die Leverkusener Speerwerferin bei der EM in Amsterdam die Silbermedaille. Auf 65,25 Meter flog das 600-Gramm-Gerät im altehrwürdigen Olympiastadion, und Linda Stahl katapultierte sich so noch von Platz fünf auf zwei nach vorn. „Alles oder nichts – und es gab irgendwie alles", sagte die 30 Jahre alte Oberärztin vom TSV Bayer 04 Leverkusen, nachdem sie ihrer Freude bei der letzten Landung des Speers mit einem lauten Schrei Luft gemachte hatte.

„Im letzten Versuch habe ich nur gedacht, egal, hau drauf. Ich habe alle Kräfte mobilisiert und auch ein bisschen Glück gehabt", sagte Linda Stahl. Weiter warf nur Tatjana Chaladowitsch aus Weißrussland mit 66,34 Metern. Mit Silber machte die Leverkusenerin ihren Medaillensatz bei Europameisterschaften komplett. 2010 in Barcelona war sie sensationell Europameisterin geworden, zwei Jahre später in Helsinki wurde sie wie 2014 in Zürich EM-Dritte. Deutsche Medaillen im Speerwurf der Frauen haben bei Europameisterschaften ohnehin Tradition. Dass es in dieser Disziplin kein Edelmetall gab, liegt 47 Jahre zurück.

Trainingspartnerin verdrängt

Leidtragende ihres letzten Wurfs war Vereinskollegin Katharina Molitor. Die Weltmeisterin von 2015 lag bis dahin mit Saisonbestweite von 63,20 Metern auf dem Bronze-Rang und wurde am Ende mit 30 Zentimetern Rückstand auf Sara Kolak Vierte. Die Kroatin sollte wenigen Wochen später in Rio mit 66,18 Metern sensationell Olympiasiegerin werden.

Für Linda Stahl waren die Europameisterschaften in Amsterdam und die Olympischen Spiele in Rio die beiden letzten großen internationalen Auftritte.

Den EM-Medaillensatz komplettierte ...

... Linda Stahl in Amsterdam. Nach EM-Gold 2010 und zweimal Bronze gewann die Leverkusenerin im letzten Jahr ihrer erfolgreichen Karriere Silber

„Alles oder nichts – und es gab alles."

Linda Stahl zu ihrem letzten Wurf im EM-Finale, mit dem sie sich noch von Platz fünf auf zwei nach vorn katapultierte

Nach dieser Saison stellt sie den Speer in die Ecke und konzentriert sich auf ihre berufliche Laufbahn als Ärztin. Um sich optimal auf EM wie Olympia vorzubereiten, hatte Linda Stahl sogar sechs Monate unbezahlten Urlaub genommen.

Was sich in Amsterdam in Silber auszahlte, wollte bei den Olympischen Spielen knapp sechs Wochen später so gar nicht klappen. Linda Stahl blieb wie die anderen beiden deutschen Starterinnen Christina Hussong (LAZ Zweibrücken) und Christina Obergföll (LG Offenburg) unter ihren Möglichkeiten. Rang elf mit 59,71 Metern gehen für die Leverkusenerin in die Ergebnislisten ein. „Das Finale war ganz schnell vorbei, eigentlich bevor es so richtig angefangen hatte. Die Beine waren schwer, mein Rücken hat mich genervt. Der ist grün und blau, von oben bis unten – ich habe heute beim Aufwärmen mehr Zeit auf der Physiobank verbracht als in der Vorbereitung", ordnete Linda Stahl das Ergebnis im Olympiastadion von Rio ein.

Dass es nicht der perfekte Abschluss einer erfolgreichen (dualen) Karriere war, konnte die Ärztin verschmerzen: „Ich habe es wieder ins Finale geschafft, wie bisher immer. Und ich habe in meiner Karriere eine Olympia-Medaille gewonnen, darauf bin ich stolz."

DKB
GERMANY
SPAR
STAHL
THROW CLEAN
AMSTERDAM 2016

DKB
GERMANY
SPAR
FISCHER
I THROW CLEAN
AMSTERDAM

Wechselbad der Gefühle

Diskuswerfen: Die deutschen Diskuswerferinnen starteten furios in die Saison, holten bei der EM die Plätze zwei bis vier. Doch bei Olympia stolperte das Trio über einen unglücklichen Zeitplan.

„Da hat einer gepennt und a.m. und p.m. verwechselt."

So kommentierte Diskuswerferin Nadine Müller (oben) den Zeitplan bei den Olympischen Spielen. Die Diskuswerferinnen starteten am Montag um 20:30 Uhr mit ihrer Qualifikation, die zweite Qualifikationsrunde mit Müller und Julia Fischer war sogar erst um 22:20 Uhr dran. Das Finale fand schon am nächsten Morgen um 11:20 Uhr statt.

Alles sprach für eine grandiose Saison der deutschen Diskuswerferinnen. Die 26 Jahre alte Julia Fischer war in diesem Jahr in der Form ihres Lebens, verbesserte sich auf 68,49 Meter und gewann bei der EM mit Silber ihre erste internationale Medaille bei den Erwachsenen. Dieses Edelmetall kam für die Diskuswerferin vom SCC Berlin aber keineswegs aus dem Nichts – es ist mit viel Schweiß geschmiedet. Bereits vor zwölf Jahren entschied sie sich für die technisch anspruchsvolle Disziplin. In den Nachwuchsklassen von U18 bis U23 hat Fischer alles gewonnen, was es zu gewinnen gab.

Und auch die Olympia-Saison begann für die 1,92 Meter große Polizeimeisterin vielversprechend. Am 21. Mai schleuderte die 26-Jährige bei den Werfertagen in Halle/Saale ihren Diskus im letzten Versuch 68,49 Meter weit. Nur zwei deutsche Diskuswerferinnen ließen in diesem Jahrtausend die 1-Kilo-Scheibe weiter fliegen: Franka Dietzsch (68,51 m) und Nadine Müller (68,89 m).

EM-Platz zwei, drei und vier

Bei der EM war es dann nicht nur sie, die glänzte: Zwischenzeitlich lagen Fischer, Shanice Craft und Nadine Müller auf den ersten drei Plätzen. Erst im vierten Versuch verhinderte Olympiasiegerin Sandra Perkovic aus Kroatien den absoluten Triumph der Deutschen und schob sich an die Spitze des Feldes. Nach Silber und Bronze für Julia Fischer (65,77 m) und Shanice Craft (63,89 m) sowie Rang vier für Nadine Müller (62,63 m) schien das Trio gerüstet für Olympia – kam dort aber nicht mit dem unglücklichen Zeitplan zurecht.

So gab es in Rio Tränen bei Julia Fischer und Vorwürfe von Nadine Müller. Drei Tage nach dem Olympiasieg von Christoph Harting und dem Bronze-Coup von Daniel Jasinski gingen die deutschen Diskuswerferinnen leer aus. Mitfavoritin Fischer kam nicht einmal in den Endkampf und enttäuschte als Neunte. „Ich war nicht spritzig genug, ich habe nur viereinhalb Stunden geschlafen", meinte die Freundin von Robert Harting danach – und verlor weinend die Fassung. Nadine Müller kam nur auf Rang sechs und übte deutliche Kritik an den Organisatoren wegen des Zeitplans. „Da hat einer gepennt und a.m. und p.m. verwechselt", sagte die frühere Vize-Weltmeisterin nach dem Diskus-Finale. Dieses hatte am Vormittag um 11.20 Uhr (Ortszeit) begonnen. Normalerweise sind solche Entscheidungen in den Abendstunden

Ungläubigkeit und Enttäuschung

Mit großen Erwartungen waren Julia Fischer (rechts oben) und Shanice Craft (rechts unten) nach Platz zwei und drei bei der EM in das Olympia-Finale gestartet. Dort blieben nach Rang neun und elf vor allem Bitterkeit und Tränen

angesetzt. Die Diskuswerferinnen hatten zudem ihre Qualifikation erst am Abend vorher. „Eigentlich hätte ich auch hier im Stadion pennen können, das wäre besser gewesen."

Auch Usain Bolt übt Kritik

Kritik am Zeitplan hat es auch schon von prominentester Seite gegeben – von Usain Bolt, der zwischen Halbfinale und Finale über 100 Meter nicht einmal eineinhalb Stunden Zeit hatte.

„Die Verlagerung einer Vielzahl der leichtathletischen Finals in die Vormittage mag der fünfstündigen Zeitverschiebung und den Fernsehübertragungszeiten in Europa geschuldet sein", erklärte Thomas Kurschilgen, Sportdirektor des DLV. Er und Chef-Bundestrainer Idriss Gonschinska sahen das Programm ebenfalls „nicht unkritisch".

Gold eroberte in Rio de Janeiro wie schon vor vier Jahren in London die Kroatin Sandra Perkovic (69,21 m) vor der Französin Mélina Robert-Michon (66,73 m) und Denia Caballero aus Kuba (65,34 m).

„Die letzten Tage waren schwer für mich. Wenn es den Menschen, die ich liebe, schlecht geht, dann ist das so, als wenn es mir selber schlecht geht", sagte Julia Fischer und meinte damit das unglückliche Olympia-Aus ihres Lebensgefährten Robert Harting in der Qualifikation. „Ich habe alles gegeben, mehr konnte ich nicht machen." Auch ein Plakat mit der Aufschrift „Hoch und weit, jetzt ist Fischer-Harting-Zeit" konnte sie nicht aufmuntern.

Vize-Europameisterin Fischer, die zusammen mit Robert und Christoph Harting bei Torsten Lönnfors trainiert, blieb mit 62,67 Metern deutlich unter ihren Möglichkeiten – trotz der Anwesenheit Robert Hartings, der nun sie trösten musste. „Er war den ganzen Tag da, er hat mich super unterstützt."

Keine Regeneration möglich

Müller brachte nach ihren 63,13 Metern zum Auftakt nur noch fünf ungültige Versuche zustande. Shanice Craft aus Mannheim wurde mit 59,85 Metern Elfte. „Ich habe gemerkt, dass die Regeneration seit gestern nicht gereicht hat. Ich war erst um eins, halb zwei im Bett", sagte Nadine Müller.

Die beiden bisher einzigen Olympiasiege für Deutschland bei den Frauen hatten Gisela Mauermayer 1936 und Ilke Wyludda 1996 geholt. Seitdem gab es keine Medaille mehr für deutsche Diskuswerferinnen.

Der Doppel-Rekordler

Julian Reus: Erst 10,03, dann sogar 10,01 Sekunden. Julian Reus steigerte 2016 seinen eigenen deutschen 100-Meter-Rekord gleich zweimal. Dazu gab es für den Wattenscheider EM-Bronze mit der Sprint-Staffel. Nur in Rio lief es nicht optimal.

Sein Rekordrennen spendierte er seinen Fans erstmals live auf Facebook, und nur 80 Minuten später hätte Julian Reus fast noch das „Rekord-Double" perfekt gemacht. In seiner Wahlheimat Thüringen verbesserte Reus am 24. Juni seinen eigenen deutschen 100-Meter-Rekord um zwei Hundertstel auf 10,03 Sekunden, dann schickte der Mann mit der Startnummer 1 im Waldstadion von Zeulenroda eine noch nie von ihm erreichte Zeit über 200 Meter hinterher. Bei etwas zu viel Rückenwind lief er 20,23 Sekunden – nur drei Hundertstel trennten ihn von Tobias Ungers Rekordmarke. „Schade, aber ich habe die Zeit auch bei regulären Bedingungen drin", sagte der Sprinter vom TV Wattenscheid 01.

Optimales Sprint-Wetter

36 Tage später näherte sich Julian Reus in Mannheim weitere zwei Hundertstel der berühmtesten Schallmauer der Leichtathletik: der Zehn-Sekunden-Marke. 10,01 Sekunden sprintete der 28-Jährige auf der schnellen Mondo-Bahn im Michael-Hoffmann-Stadion bei der Olympia-Verabschiedung der deutschen Mannschaft. Der Deutsche Meister nutzte den fast optimalen Rückenwind von 1,8 Metern pro Sekunde und die sommerlichen Temperaturen zur nächsten Rekordmarke.

Der Rückenwind in Form des deutschen Rekords half Julian Reus knapp zwei Wochen später bei den Olympischen Spielen leider nicht. Über 100 Meter lief er im Vorlauf 10,34 Sekunden und war mit dieser Zeit natürlich nicht zufrieden. Über 200 Meter rannte er in 20,36 Sekunden bis auf drei Hundertstel an seine Bestzeit heran. Doch auch diese gute Zeit genügte nicht fürs Halbfinale. „Besser kann's eigentlich nicht laufen, auch wenn es natürlich ärgerlich ist, wenn zum Halbfinale nur wenige Hundertstel fehlen. Es war wichtig, dass ich zeigen konnte, dass ich gut in Form bin, auch für die anderen im Team", sagte der deutsche 100-Meter-Rekordler. Auch den Grund für die missglückten 100 Meter in Rio hatte der 28-Jährige schnell gefunden. „Ich hatte einfach das Gefühl, ich bin noch nicht richtig angekommen, war müde. Jetzt drei Tage später war es viel besser, die Form stimmt, es ist schön, dass ich das zeigen konnte."

Auch die deutsche 4x100-Meter-Staffel lieferte mit Julian Reus am Start – es folgten Sven Knipphals, Robert Hering und Lucas Jakubczyk – in Rio mit 38,26 Sekunden eine ordentliche Leistung ab. Allerdings hatten die Deutschen nicht das Glück auf ihrer Seite. Da acht Staffeln im Vorlauf schneller waren, verpassten die deutschen Sprinter das Olympia-Finale um sieben Hundertstel. „Wir machen genau das Rennen, was wir uns vorgestellt haben, und dann fehlen irgendwo ein paar Hundertstel. Die Wechsel waren sauber – wir können uns nicht erklären, wo die Zeit geblieben ist. Dass man unter 38,20 Sekunden fürs Finale rennen muss, damit hatten wir im Vorfeld gerechnet", sagte ein enttäuschter Sven Knipphals.

Staffel rennt zu EM-Bronze

Dass die Staffelzeiten im Weltvergleich deutlich schneller geworden sind – in den Rio-Vorläufen blieben sechs Staffeln unter 38 Sekunden – lässt sich im Vergleich mit der EM wenige Wochen zuvor gut erkennen. Dort liefen Julian Reus, Sven Knipphals, Roy Schmidt und Lucas Jakubczyk in 38,47 Sekunden auf den Bronzerang, waren also langsamer als in Rio. „Das Rennen war für die windigen Bedingungen ordentlich. Wir haben noch Potenzial bei den Wechseln, das ist ausbaufähig. Aber wenn man eine Medaille gewinnt, gibt das Auftrieb", sagte Julian Reus nach dem Bronze-Rennen.

In Amsterdam waren lediglich die stark besetzten Briten (38,17 sec) und die Franzosen (38,38 sec) schneller. Die Grande Nation hatte Europarekordler Jimmy Vicaut (9,86 sec) als Schlussläufer. Der Franzose weiß genau, wie es sich anfühlt, die 100 Meter unter zehn Sekunden zu sprinten.

Dieses Gefühl würde auch Julian Reus irgendwann einmal sehr gern erleben. Einen großen Schritt Richtung „Sprint-Schallmauer" hat der Wattenscheider 2016 mit seinen beiden Rekorden schon gemacht.

Zu viert auf Rang drei

Vier EM-Medaillen in Folge hat die deutsche 4x100-Meter-Staffel seit 2010 gewonnen. In Amsterdam liefen (v.li.) Sven Knipphals, Lucas Jakubczyk, Julian Reus und Roy Schmidt auf Rang drei. Bei den Olympischen Spielen fehlten der DLV-Staffel nur sieben Hundertstel zum Finale

DKB
GERMANY
SPAR

Sprungwunder

Max Heß: Er steigerte seine Freiluft-Bestleistung um 65 Zentimeter, gewann EM-Gold und Hallen-WM-Silber, wurde zweimal Deutscher Meister – und ist gerade einmal 20 Jahre alt. Dreispringer Max Heß erlebte ein Jahr der Superlative.

Es war schon nach Mitternacht, da schnappte sich die blonde Moderatorin noch einmal das Mikrofon und hüpfte auf die Bühne. „Hallo, wir haben da noch ein kleines Dessert für Sie", rief sie den Gästen auf der EM-Party in Amsterdam augenzwinkernd zu. Der „Nachtisch" trabte von links heran, schüchtern stellte sich Max Heß zum Interview. So viele Blicke, und alle auf ihn gerichtet – damit muss der Teenager künftig wohl leben.

Mit der persönlichen Bestleistung von 17,20 Metern hatte der Youngster die gesamte Konkurrenz geschockt. Ein gültiger Versuch reichte – dann war eine Sensation der Leichtathletik-Europameisterschaften perfekt. Vier Tage vor seinem 20. Geburtstag hat der Sachse etwas geschafft, wovon andere Sportler ihr ganzes Leben lang träumen. Der junge Heß lebt und liebt seinen Sport, Dreisprung ist seine Passion. „Was man liebt, macht man mit Hingabe und Leidenschaft", sagte er in der Nacht nach seinem Coup.

DLV-Präsident Clemens Prokop eilte als erster Gratulant auf Heß zu. „Ist das nicht ein Traum?", fragte der ehemalige Weitspringer Europas neuen Dreisprung-König. „Heute noch ja, aber morgen werde ich es vielleicht begreifen", sagte der Teenager schüchtern.

Dank an den Coach

Noch an der Sprunganlage im Olympiastadion hatte ihn sein Heimtrainer Harry Marusch in die Arme genommen. Der Coach hat Heß in vier Jahren von einem durchschnittlichen Weitspringer zu einem erstklassigen Dreispringer geformt. Das wird ihm sein Musterschüler nie vergessen. „Da steckt eine ganz große Arbeit von ihm dahinter", lobte er seinen Coach. „Fifty-fifty", antwortete Heß auf die Frage, wie viel von der Goldmedaille denn nun seinem Trainer gehört.

Marusch traut seinem Schützling alles zu, auf jeden Fall die 17,50 Meter. Schon in der diesjährigen Hallensaison ließ Heß aufhorchen: Deutscher Meister in Leipzig mit einer Steigerung um 66 Zentimeter auf 17,00 Meter. Bei der WM in Portland (USA) holte sich der freche Debütant mit neuer Bestleistung von 17,14 Metern die Silbermedaille hinter dem Chinesen Bin Dong (17,31m). Er ließ dabei erfahrene Athleten wie Europameister Benjamin Compaoré (Frankreich) und den Olympiasieger von 2008, Nelson Evora (Portugal), hinter sich. In Kassel wurde er Mitte Juni zum ersten Mal deutscher Freiluft-Meister.

Der Spaß-Springer „hat noch lange nicht fertig". „Im Dreisprung hat man es selber in der Hand, dreimal möglichst weit zu fliegen", erklärt Heß seine Passion. „Und das ist eines der besten Gefühle, die man sich vorstellen kann."

Olympia-Feeling fehlt

Nicht so gut war das Gefühl beim Verlassen des Olympiastadions in Rio. Die Enttäuschung nach seiner misslungenen Olympia-Premiere war dem Dreisprung-Europameister anzusehen. Der Chemnitzer kam in der Qualifikation nur auf 16,56 Meter und verpasste das Finale der besten Zwölf um fünf Zentimeter. „Es ist einfach scheiße gelaufen, ganz simpel ausgedrückt", sagte der 20-Jährige in Rio de Janeiro. Eine richtige Erklärung hatte er für den holprigen Auftritt nicht. „Nervös war ich überhaupt nicht, bin ich eigentlich nie vor einem Wettkampf. Ich habe es eher genossen."

„Ich hatte nicht so wirklich dieses olympische Feeling, es kam bei mir nicht ganz auf. Ich hatte das Gefühl, in meinem Kopf ist es nicht so richtig angekommen, dass ich bei Olympia bin", erzählte er. Die Ursachenforschung fiel Heß nicht leicht. „Es ist schwer zu sagen, der Wettkampf an sich war schön, die Atmosphäre war gut. Man hat heute zum ersten Mal gespürt, dass es etwas anderes ist als eine EM oder WM, dass ein bisschen mehr dahintersteckt", erklärte er weiter. Olympia war für den Youngster ohnehin nur eine Art Zugabe. „Trotzdem ist es schade, wenn man rausfliegt", versicherte er.

„Unbeschwertheit ist auch ein Erfolgsfaktor", meinte Chefbundestrainer Idriss Gonschinska. „Natürlich gehört in die Entwicklung von Athleten in die internationale Spitze ein Auf und Ab." Linearität würde man sich wünschen, „doch die gibt es im Sport nicht".

Überraschung, Freude und Frust

Max Heß hat in diesem Jahr viele Gefühlslagen durchlebt. Sein zweiter Platz bei der Hallen-WM in Portland (rechts oben) war eine riesige Überraschung, den Sieg bei der EM (rechts Mitte) konnte er schon gebührend feiern. Frust herrschte hingegen nach dem Quali-Aus bei Olympia (rechts unten)

anon
SEIKO

OLYMPIC STAD
DKB
SPAR
EUROPEAN ATHLETICS
AMSTERDAM 2016

Knapp vorbei

Zehnkampf: Zwei Weltklasse-Ergebnisse, aber keine Medaille. Arthur Abele in Ratingen und Kai Kazmirek in Rio haben gezeigt, dass sie ganz vorne in der Weltklasse mitmischen können. Nur die verdiente Olympia-Medaille gab es nicht.

GERMANY

Nach dem 1500-Meter-Lauf lagen fast alle Zehnkämpfer japsend am Boden. Kai Kazmirek hatte nochmal alles gegeben, aber er musste sich erst gar nicht Richtung Anzeigetafel drehen, um zu wissen, dass er seine erste Olympia-Medaille verpasst hatte. Aufrecht und voller Stolz erschien der 25-Jährige von der LG Rhein-Wied wenig später bei den Journalisten. „100 Punkte über meiner bisherigen Bestleistung“, sagte er. „Es hat viel Spaß gemacht und ich bin sehr zufrieden. Das ist ja kein Wald- und Wiesensportfest hier.“

Mit 8580 Punkten landete Kazmirek in Rio auf dem vierten Platz – der größte Erfolg seiner Karriere. „König der Athleten“ bleibt Ashton Eaton, der wie vor vier Jahren in London triumphierte. Mit 8893 Punkten blieb der Amerikaner zwar hinter seinem Weltrekord (9045), den er 2015 bei der WM in Peking aufgestellt hatte. Bei Sommerspielen sammelte zuvor 2004 Roman Sebrle exakt so viele Punkte.

Mit drei Bestleistungen Vierter

Der WM-Sechste Kazmirek lag nach dem ersten Tag noch auf Silber-Kurs. Er musste am Ende aber dem Franzosen Kevin Mayer (8834) und dem Kanadier Damian Warner (8666) den Vortritt lassen. Im abschließenden 1500-Meter-Lauf konnte er die 44 Punkte Rückstand auf den WM-Zweiten Warner nicht mehr wettmachen. Zuvor hatte er Hausrekorde im Weitsprung (7,69 m), 400 Meter (46,75 sec) und mit dem Speer (64,60 m) aufgestellt. „Ich habe mein Bestes gegeben, und wenn das für den vierten Platz reicht, dann bin ich damit sehr zufrieden“, sagte Kazmirek.

Zuspruch hatten die deutschen Zehnkämpfer zuvor von besonderer Stelle bekommen. Willi Holdorf, Zehnkampf-Olympiasieger von 1964, traute den deutschen „Königen der Athleten“ in Rio

Größe bewiesen ...

... hat Kai Kazmirek bei den Olympischen Spielen nicht nur im Kugelstoßen, obwohl er mit 14,20 Metern nicht an seine Bestleistung von 14,78 Metern herankam. Immerhin: Der 25-Jährige leistete sich an beiden Mehrkampf-Tagen keinen Patzer und glänzte mit drei Einzel- und einer Zehnkampf-Bestleistung. Respekt!

de Janeiro Edelmetall zu. „Wir haben so gute Zehnkämpfer wie lange nicht mehr. Da ist die Chance, eine Medaille zu holen, sehr groß", hatte der 76-Jährige gesagt.

Die letzte Medaille eines deutschen Zehnkämpfers hatte vor 20 Jahren Frank Busemann mit Silber in Atlanta geholt. Der zuvor als Medaillenkandidat gehandelte Arthur Abele aus Ulm enttäuschte als 15. Mit 8605 Punkten hatte er – bei schlechten Bedingungen – in Ratingen für ein Weltklasse-Ergebnis gesorgt und Medaillenträume aufkommen lassen.

Comeback wird nicht gekrönt

Und das nach einer unglaublichen Verletzungsmisere: Probleme mit Hüfte, Knie oder Fuß, Nabel- und Leistenbruch, Bänderriss, Ermüdungsbruch, Schambeinentzündung, Achillessehnenriss. „Ich kann es noch gar nicht fassen, mir fehlen ein wenig die Worte. Eigentlich ging es ja nur um die Olympianorm von 8.100 Punkten", meinte er damals nach seinem Coup.

„Was wir an den beiden Tagen gesehen haben, ist für mich ein sportliches Wunder. Man darf nicht vergessen, dass Arthur sich am 21. April 2015 die Achillessehne gerissen hat", sagte DLV-Cheftrainer Idriss Gonschinska. In Rio blieb eine Wiederholung des Ratinger Höhenflugs dann allerdings aus. Abele litt wohl am meisten nach den 1500 Metern, als er von Krämpfen geplagt umkippte. Nach seinem frühen Aus vor vier Jahren in Peking und dem Achillessehnenriss wollte er sich mit aller Macht durchkämpfen. „Ich konnte mich kaum bewegen. Aber ich wollte das hier unbedingt zu Ende bringen", erklärte Abele stöhnend. „Ich glaube, ich werde mich morgen nicht aus dem Bett bewegen. Dann muss mir jemand Frühstück bringen. Am besten, ich bleibe heute gleich in der Mensa liegen."

Beeindruckend ...

... war nicht nur das 8605-Punkte-Comeback von Arthur Abele in Ratingen, sondern auch der Weg dahin. Seine Liste der Verletzungen reicht für eine komplette Nationalmannschaft. Der Ulmer ließ sich aber nicht beirren, kämpfte sich zurück und zeigte, dass alle Mühen sich definitiv gelohnt hatten

EUROPEAN ATHLETICS
DKB

Roleder zündet den EM-Turbo

Cindy Roleder: **Sie hat sich von Mal zu Mal gesteigert und nun den Medaillensatz komplett: Nach EM-Bronze 2014 und WM-Silber 2015 gewann Cindy Roleder bei der EM Gold über 100 Meter Hürden. Eine Olympia-Medaille als Krönung blieb der hürdensprintenden Mehrkämpferin allerdings verwehrt.**

Cindy Roleder strahlte und lachte, nach dem größten Sieg ihrer Karriere war sie rundum glücklich. Endlich hatte die Hürdensprinterin ihren Medaillensatz komplett: Bronze bei der EM 2014 in Zürich, Silber bei der WM 2015 in Peking – und nun Gold bei den Europameisterschaften in Amsterdam.

Über ihren ersten internationalen Titel freute sich die Leipzigerin tierisch, das Glück sprudelte nur so aus ihr heraus. Ein Ziel hatte sie über all die Jahre verfolgt, nun erreichte sie es: „Ich hab' mal gesagt: Ich will einmal die Nationalhymne nur für mich hören." Dieses Gefühl durfte sie bei der EM in Amsterdam über 100 Meter Hürden nun endlich auskosten.

Den Turbo im Finish gezündet

Nach schwachem Start kam Roleder wie so oft noch richtig in Fahrt und spielte im Finish ihre Stärke aus. In 12,62 Sekunden stürmte sie als Erste ins Ziel. Nur im WM-Finale von Peking war die vielseitige Leichtathletin vom SC DHfK Leipzig noch drei Hundertstel schneller. Ihre Dauerrivalin Alina Talaj aus Weißrussland musste sich in 12,68 Sekunden mit Silber zufrieden geben. Die Britin Tiffany Porter (12,76 sec) wurde Dritte.

„Der Start war mal wieder: na, ging so", sagte die Deutsche Meisterin lachend. „Hintenraus bin ich natürlich wieder super gelaufen. Fantastisch! Das war ein geiler Lauf wieder." Ihre Zeit von Peking habe sie nun in Amsterdam bestätigt: „Es war nicht nur 'ne Eintagsfliege", sagte Cindy Roleder vier Wochen vor den Olympischen Spielen.

Den Jackpot geknackt

Dass sie den Aufstieg zur Weltspitze geschafft hat, verdankt sie einem mutigen, aber auch riskanten Schritt. Vor zweieinhalb Jahren schloss sich die Sportsoldatin aus Sachsen der Gruppe von Siebenkampf-Bundestrainer Wolfgang Kühne an.

„Für mich war es die beste Entscheidung, die ich treffen konnte, zu Herrn Kühne zu gehen. Ich kann das gar nicht in Worte fassen, wie dankbar ich ihm bin", sagte Roleder nach dem Gold-Coup im Olympiastadion von 1928. „Er hat einen ganz, ganz großen Anteil an dieser Medaille. Und wir werden das gemeinsam feiern."

Inzwischen ist die Hürdensprinterin Cindy Roleder auch eine ausgezeichnete Siebenkämpferin. Aus der Not machte sie eine Tugend, die alten Zeiten sind vorbei. „Ich bin immer im Halbfinale rausgeflogen, ich wollte das nicht mehr. Das war ein Hopp-oder-Top-Spiel. Es hat geklappt, hätte aber auch schiefgehen können", gab sie zu. Das Risiko sei sie eingegangen. „Weil: Ich wollte nicht mehr auf der Tribüne sitzen. Sehr viele haben gezweifelt, aber das war mir egal, das war ja meine Entscheidung. Das ist ja mein Leben. Für mich war es der Jackpot!"

Konnte sie bei der EM noch auf ihre Stärke auf den letzten Metern zählen, reichte der Turbo bei Olympia nicht aus, um noch in die Medaillenränge vorzustoßen. Zu stark war – vor allem die USamerikanische – Konkurrenz.

Bei der WM im vergangenen Jahr in Peking (China) waren die US-Hürdensprinterinnen leer ausgegangen - und hatten sich teilweise durch Fehlstarts selbst geschlagen. Bei Olympia in Rio schlugen sie zurück, obwohl mit Weltrekordlerin Kendra Harrison ihre Jahresschnellste zu Hause bleiben musste. Sie hatte bei den Trials einen Startplatz verfehlt.

USA holen alle drei Medaillen

Brianna Rollins legte in 12,48 Sekunden einen fehlerfreien Lauf hin und holte sich nach WM-Gold 2013 auch die Olympia-Krone. Riesig war der Jubel mit ihren Teamkolleginnen als klar war, auch Silber und Bronze gehen in die USA. Nia Ali sicherte sich in 12,59 Sekunden Silber vor Kristi Castlin (12,61 sec).

DKB
SPAR
ROLEDER
I RUN CLEAN
AMSTERDAM 2016

Volle Konzentration

Auch bei Olympia zeigte Cindy Roleder tolle Rennen und zog nach 12,86 Sekunden im Vorlauf mit 12,69 Sekunden fast schon selbstverständlich in das Finale ein. Dort wurde sie nach einem gewohnt starken Finish in 12,74 Sekunden Fünfte

Top-Leistung, wenn's drauf ankommt

Die beste Leistung im entscheidenden Moment bringen – das gelang Cindy Roleder wieder einmal. Im EM-Finale sprintete sie ihre Saison-Bestzeit von 12,62 Sekunden, bei 0,7 Metern pro Sekunde Gegenwind

Cindy Roleder legte auf Bahn eins einen guten, aber keinen überragenden Lauf hin und erkämpfte sich auf den letzten Metern in 12,74 Sekunden noch Rang fünf. Das ist die beste Platzierung einer deutschen Hürdensprinterin bei Olympischen Spielen seit 1988 in Seoul (Südkorea). Damals waren Gloria Siebert für die DDR in 12,61 Sekunden zu Silber und Claudia Zaczkiewicz für die BRD zu Bronze gerannt.

Cindy Roleder erfüllte sich mit dem Finale einen großen Traum – auch wenn der von einer Medaille nicht in Erfüllung ging. Deshalb gab sie zu: „Das sind jetzt gemischte Gefühle. Es war kein so runder Lauf, aber mit Platz fünf bin ich echt zufrieden." Und auch das Problem machte sie schnell aus: „Ich war an der ersten Hürde zu nah dran. Bei so einem Top-Feld darf man sich keinen Fehler erlauben. Ab der sechsten, siebten Hürde war es besser, aber es sind eben nur 100 Meter."

Sprung-Gala

Weitsprung: Malaika Mihambo, Sosthene Moguenara und Alexandra Wester sorgten 2016 für eine Flug-Show deluxe. Alle drei landeten zwischen 6,95 und 7,16 Metern. Malaika Mihambo sicherte sich zudem EM-Bronze und schrammte bei Olympia in Rio nur knapp an einer Medaille vorbei.

Unbändige und ungläubige Freude
Alexandra Wester (links) schreit ihre Freude über 6,95 Meter beim ISTAF Indoor laut in die Welt. Sosthene Moguenara (rechts) kommen nach ihrem 7,16-Meter-Satz die Tränen. Sie freut sich zuammen mit Trainer Uli Knapp

Besser ging es nicht. Malaika Mihambo hat trotz des größten Weitsprung-Satzes ihres Lebens die Bronzemedaille bei den Olympischen Spielen in Rio verpasst. Mit der persönlichen Bestleistung von 6,95 Metern wurde die Athletin von der LG Kurpfalz im Olympia-Finale Vierte. „Ich bin sehr glücklich und über mich hinausgewachsen“, sagte die erst 22 Jahre alte WM-Sechste von 2015. Zehnte wurde Sosthene Moguenara aus Saarbrücken mit 6,61 Metern. Bereits in der Qualifikation war die Kölnerin Alexandra Wester ausgeschieden. Die zweimalige Weltmeisterin Tianna Bartoletta aus den USA gewann mit 7,17 Metern die Goldmedaille. Brittney Reese (USA), Olympiasiegerin von 2012, wurde mit 7,15 Metern Zweite vor der Serbin Ivana Spanovic, die 7,05 Meter weit kam.

Die Russin Darja Klischina musste früh ihre Medaillenhoffnungen begraben und erreichte mit 6,63 Metern nur Rang neun. Die 25-jährige Hallen-Europameisterin von 2011 und 2013 war die einzige Leichtathletin aus Russland, die nach dem Staatsdoping in ihrer Heimat bei den Rio-Spielen starten durfte. Ihre Teilnahme hatte sie kurzfristig vor dem Internationalen Sportgerichtshof CAS erstritten, nachdem ihr der Leichtathletik-Weltverband IAAF das zunächst gewährte Sonderstartrecht wieder entzogen hatte. „Ja, es hat mich sehr belastet, unglücklicherweise“, bekannte Klischina. „Bevor ich nach Rio kam, habe ich gut trainiert und gute Sprünge gehabt. Die vergangene Woche war keine gute.“

Saison im Schnelldurchlauf

Glücklich verließ Malaika Mihambo das Olympiastadion. Die U23-Europameisterin aus dem Vorjahr war nach einer hartnäckigen Patellasehnen-Entzündung und einer leichten Muskelverletzung erst spät – Anfang Juni – in die Olympia-Saison eingestiegen. Bei ihrem erst zweiten Saison-Wettkampf sicherte sie sich in Kassel mit 6,72 Metern nicht nur den deutschen Meistertitel sondern auch die Olympia-Norm. Mit gerade einmal zwei Freiluft-Wettkämpfen auf der Habenseite flog sie in Amsterdam bei der EM gleich mit 6,65 Metern zu Bronze.

„Für mich war es sehr schwierig, der Wettkampf war sehr zäh“, sagte die Studentin der Politikwissenschaften, die am Ende auch noch von einem Wadenkrampf geplagt war. „Deshalb bin ich einfach nur glücklich, dass ich es geschafft habe.“ Schließlich setzte sie sich diesmal gegen die weitengleiche Ksenija Balta (Estland) aufgrund des besseren zweiten Sprunges durch. Bei der EM 2014 in Zürich erlebte sie es umgekehrt: Damals verpasste Mihambo gegen die weitengleiche Russin Darja Klischina die Medaille. „Mal steht man auf der Glücksseite, mal nicht“, meinte sie. Den siebten Platz erreichte Alexandra Wester mit 6,51 Metern, Neunte wurde die Hamburgerin Nadja Käther mit 6,48 Meter. Die Serbin Ivana Spanovic holte sich mit 6,94 Metern den EM-Titel vor

Enttäuschung von 2014 wettgemacht

Bei der EM 2014 flog Malaika Mihambo auf 6,65 Meter – genauso weit wie die Russin Darja Klischina, die sich mit dem besseren zweiten Versuch Bronze holte, Mihambo ging leer aus. 2016 sprang sie bei der EM wieder 6,65 Meter, erneut weitengleich mit einer anderen Athletin – der Estin Kesnija Balta. Dieses Mal aber mit dem besseren Ende für Mihambo, die Dritte wurde

Jazmin Sawyers aus Großbritannien, die 6,86 Meter erreichte.

Nicht dabei war Sosthene Moguenara, die früh in der Saison für ein Highlight gesorgt hatte und der dann ein Missgeschick unterlaufen war. Ende Mai war sie in Weinheim auf starke 7,16 Meter geflogen und hatte sich an die Spitze der Welt-Jahresbestenliste gesetzt. Nur zwei Deutsche waren jemals weiter geflogen: die zweimalige Olympiasiegerin Heike Drechsler (7,48 m) und Helga Radtke (7,21 m). „Die Bedingungen waren nahezu optimal. Und sie hat den Sprung absolut optimal erwischt", sagte Bundestrainer Uli Knapp, zugleich ihr Heimcoach. Der Rückenwind von 1,6 Metern/Sekunde beflügelte Moguenara zusätzlich. Entscheidend für den Quantensprung sei, dass sie ihre Anlaufgeschwindigkeit von 9,2 auf 9,6 Meter/Sekunde verbesserte.

Nur einen Tag nach dem Wundersprung kam aber die unsanfte Landung in der Realität: Bei einem Fotoshooting für die Leichtathletik-EM 2018 in Berlin knickte sie beim Sprung auf eine Weichmatte um und riss sich ein Außenband im Knöchel. Schuldzuweisungen gab es jedoch keine. „Alle Beteiligten sind ihrer Fürsorgepflicht absolut nachgekommen und haben einen hohen Aufwand an Sicherheitsvorkehrungen getroffen. Es war ein unglücklicher Zufall, der Sosthene auch im Training hätte passieren können", sagte der Bundestrainer.

Wester fliegt in die Weltspitze

Für Aufsehen hatte in diesem Jahr auch Alexandra Wester gesorgt. Beim ISTAF-Indoor war die 22-Jährige mit einem Satz auf 6,95 Meter in der absoluten Weltspitze gelandet. „Das ist schwer zu realisieren", sagte die junge Athletin, begleitet vom Beifall der 12.648 Zuschauer in der ausverkauften Mercedes-Benz-Arena. Besser als Wester, die als Tochter einer Ghanaerin und eines Deutschen in Gambia geboren wurde, waren in der Halle überhaupt erst zwei deutsche Weitspringerinnen: Heike Drechsler (7,37 m) und Helga Radtke (7,09 m). Olympiasiegerin Drechsler war vor 20 Jahren letztmals bei einem Hallenmeeting weiter gesprungen (6,96 m). „Sie hat mich wirklich sehr beeindruckt. Alexandra hat ein unglaubliches Potenzial. Die sieben Meter hat sie drauf, absolut", sagte auch Heike Drechsler anerkennend.

Dabei hat Wester harte Jahre hinter sich. 2011 wurde ihr Teenager-Tatendrang durch eine schwere Verletzung im linken Knie gestoppt, das Kreuzband war gerissen, zwei Operationen folgten. Die frühere Mehrkämpferin konzentrierte sich fortan auf den Weitsprung, wechselte vom linken aufs rechte Sprungbein. Und kämpfte sich zurück. Als Belohnung gab es in der Hallensaison den Titel bei den Deutschen Hallen-Meisterschaften und Rang sechs bei der Hallen-WM. Und das soll erst der Anfang gewesen sein.

Mission erfüllt

Usain Bolt: Der Superlativ war schnell gefunden: Bolt feierte in Rio das „Triple Triple“. Nach Peking und London gewann der Jamaikaner erneut Gold über 100 Meter, 200 Meter und mit der 4x100-Meter-Staffel. Sein Fazit: „Ich bin der Größte!“

Ausgelassen tanzten Usain Bolt und seine jamaikanischen Gold-Männer durch das Olympiastadion von Rio de Janeiro. Trotz eines holprigen Wechsels auf ihn als Schlussläufer verabschiedete sich der schillernde Sprintstar mit seiner neunten Goldmedaille von der olympischen Bühne. „Ich bin der Größte. Meine Mission ist erfüllt", sagte der 29-Jährige. „Ich bin erleichtert. Dieser Traum ist wahr geworden."

Der Leichtathletik-Entertainer triumphierte mit der jamaikanischen Staffel über 4x100 Meter in 37,27 Sekunden und vollendete damit seine Triple-Mission. Nach Peking 2008 und London 2012 hängte Bolt auch am Zuckerhut über 100 Meter, 200 Meter sowie 4x100 Meter die versammelte Konkurrenz ab. Zwei Tage vor seinem 30. Geburtstag am letzten Tag der Olympischen Spiele beschenkte sich der schnellste Mann der Welt selbst und genoss nach seinem Zieleinlauf den ausgelassenen Jubel der Zuschauer im Olympiastadion.

2925 Tage Olympia-Historie

Hinter den davonrauschenden Jamaikanern Asafa Powell, Yohan Blake, Nickel Ashmeade und Schlussläufer Bolt sicherte sich Japan Silber. Die USA um Justin Gatlin liefen zu Bronze – sie wurden allerdings nachträglich wegen eines Wechselfehlers disqualifiziert und verloren ihre Medaille an Kanada.

Die Statisten interessierten jedoch auch diesmal nur am Rande. Das Blitzlichtgewitter gehörte Bolt, der zu jamaikanischen Klängen auf seine letzte Ehrenrunde im Olympiastadion ging. 2925 Tage nach seinem ersten Olympiasieg in Peking über 100 Meter schließt der beste Sprinter aller Zeiten sein historisches Kapitel bei Olympischen Spielen hocherfolgreich ab. „Wie kann ich der Welt sonst noch beweisen, dass ich der Größte bin", hatte er rein hypothetisch von Journalisten wissen wollen. Nichts anderes als seine Leistungen der vergangenen Jahre sind dazu nötig. Sein Eintrag in den Geschichtsbüchern der Leichtathletik ist ihm sicher.

Ein olympischer Traum ...

... war die Karriere von Usain Bolt. In Peking 2008 (oben links) lief er bei allen drei Siegen Weltrekord. In London 2012 (Mitte links) gelang ihm das wieder mit der Staffel. In Rio 2016 gelang ihm zwar die angestrebte Bestmarke über 200 Meter nicht – trotzdem war er der Konkurrenz meilenweit enteilt

„Ich habe alles getan, was in meiner Macht stand."

Das sagte der neunmalige Sprint-Olympiasieger Usain Bolt über seine Leistungen in den vergangenen Jahren. Mit neun olympischen Goldmedaillen schloss er zu Paavo Nurmi und Carl Lewis auf, die ebenfalls neun Mal Olympia-Gold gewannen. Daneben stellte Bolt acht Weltrekorde auf und gewann elf WM-Titel.

„Ich habe gemischte Gefühle. Ich bin traurig, aber zugleich auch glücklich", sagte der Goldjunge aus der Karibik. „Es war wundervoll, und ich schätze das, ich bekomme Gänsehaut." In der ewigen Rangliste der erfolgreichsten Athleten bei Sommerspielen steht in der Gold-Wertung nur Schwimmer Michael Phelps (23) vor ihm. Die beiden Leichtathleten Paavo Nurmi und Carl Lewis hat er eingeholt – wobei beide sogar neben neun goldenen noch Silber- bzw. Bronze gewonnen haben. Dennoch: Bolt bleibt einzigartig.

Schon um 20.28 Uhr brandete riesiger Beifall auf, als er seine Goldmedaille für das 200-Meter-Rennen überreicht bekam. Er breitete seine Arm aus und winkte dem Publikum zu. Zusammen mit Silbermedaillengewinner Andre de Grasse und Bronze-Mann Christophe Lemaitre posierte Bolt geduldig lächelnd für die Fotografen.

Kein neuer Weltrekord

Bolt hatte die Spiele am Zuckerhut standesgemäß eröffnet. Über 100 Meter siegte er in 9,81 Sekunden, dann ließ er seine Konkurrenz auch auf seiner Paradestrecke über 200 Meter in 19,78 Sekunden hinter sich. Seine sieben Jahre alte Bestmarke von 19,19 Sekunden konnte Bolt aber nicht wie erhofft unterbieten. Der Zahn der Zeit.

„Ich werde älter. Ich erhole mich nicht mehr so schnell, wie ich es früher getan habe", räumte Bolt nach seinem kräftezehrenden Erfolg über 200 Meter ein. Für seinen olympischen Schlussauftritt nahm der elffache Weltmeister aber noch einmal alle Kräfte zusammen und führte seine Staffel schließlich erneut auf den Gold-Gipfel.

Bolt hinterlässt nach eigener Einschätzung ein enormes Vermächtnis. „Ich habe den Sport aufregend gemacht. Ich habe die Leute dazu gebracht, diesen Sport anzuschauen, deshalb habe ich ihn auf ein neues Niveau gehoben", sagte Bolt. „Ich habe der Welt bewiesen, dass man es sauber schaffen kann, mit harter Arbeit und Hingabe."

Nach London ist Schluss

Nach seiner neunten olympischen Gold-Medaille versuchte sich Supersprinter Usain Bolt in der historischen Nacht noch im Speerwerfen. Unter dem Johlen einiger Verbliebener im düsteren Olympiastadion von Rio de Janeiro testete der Jamaikaner offensichtlich aus Spaß seine Fähigkeiten in einer anderen Disziplin – und machte dabei keine schlechte Figur. Einen Wechsel der Disziplin strebt er trotzdem nicht an. Und auch im Sprint will er nur noch ein Jahr dranhängen.

Die WM 2017 soll der Schlusspunkt hinter seiner Karriere sein. „Ich muss mir jetzt eine neue Wunschliste machen", antwortete Bolt auf die Frage, was nach seiner bis zur Weltmeisterschaft 2017 in London geplanten Karriere noch alles kommen solle. Danach ist Schluss, wie er auch bei seinen goldenen Rio-Spielen mehrfach beteuert hat. Sein Erbe ist immens. „Ich habe alles getan, was in meiner Macht stand." „Man kann mit Worten nicht beschreiben, was er für den Sport getan hat", huldigte ihm US-Rivale Tyson Gay, an dem der junge Bolt bei der WM 2007 in Osaka über 200 Meter nicht vorbeikam. „Er ist eine Legende", meinte Staffelkollege Asafa Powell.

Die Leichtathletik muss sich auf die Suche nach einem neuen Superstar machen.

Pokerspiel

Lisa Ryzih: Nur je viermal griff Stabhochspringerin Lisa Ryzih bei EM und Olympia im Wettkampf zum Stab. Bei der EM wurde das Pokerspiel mit Silber belohnt. Bei Olympia brachte es keinen Erfolg.

Your S
For Life

Die Höhe war drin

4,70 Meter – und damit ein Ergebnis nur drei Zentimeter unter Bestleistung – wären auch bei den Olympischen Spielen für Lisa Ryzih drin gewesen. Die Höhe hatte die 27-Jährige, nur der Abstand zur Latte stimmte nicht. So riss die Ludwigshafenerin dreimal bei dieser Höhe

Da staunte die Griechin Ekateríni Stefanidi nicht schlecht. Sie im ersten und Lisa Ryzih im zweiten waren gerade bei der EM in Amsterdam über 4,70 Meter gesprungen. Keiner anderen Athletin war das gelungen. Beide hatten eine Medaille sicher, nur ob Silber oder Gold, das mussten die beiden noch unter sich ausmachen. Dachte Stefanidi jedenfalls. Doch dann legte ihr die Deutsche den Arm um die Schulter und erklärte ihr, dass sie den Wettkampf nun beenden und ihr Gold kampflos überlassen würde.

Lisa Ryzih war spät in den Wettbewerb eingestiegen, erst als die Latte auf 4,55 Meter lag sprang sie zum ersten Mal und überflog die Höhe im zweiten Anlauf. Auf Versuche bei 4,65 Metern verzichtete sie und griff erst wieder bei 4,70 Metern zum Stab. Und dann, nach gerade einmal vier Wettkampfsprüngen, packte die 27-Jährige ihre Sachen zusammen. Stefanidi stellte mit 4,81 Metern noch einen neuen Meisterschaftsrekord auf. Für Lisa Ryzih war es nach EM-Bronze 2010, als sie völlig überraschend auf das Treppchen gesprungen war, die zweite Medaille bei den Erwachsenen. Bei den Jugendlichen hatte sie bereits Gold bei U18- (2003) und U20-WM (2004) sowie bei der U23-EM (2009) gewonnen.

Pokern als einzige Option

„Ich hatte große Probleme mit dem Beuger und auch Angst zu laufen. Es war immer an der Grenze, ich habe nicht gewusst, was beim nächsten Anlauf passiert", erklärte Lisa Ryzih später, weshalb sie nicht um Gold gekämpft hatte. Außerdem hatte sie zu diesem Zeitpunkt noch etwas ganz anderes im Hinterkopf: Die Olympischen Spiele in Rio, der absolute Höhepunkt des Jahres.

Auch dort machte Lisa Ryzih wieder nur vier Versuche – der Wettkampf-Ausgang war aber nicht so erfolgreich wie sechs Wochen zuvor in Amsterdam. Und auch nicht so gut wie knapp fünf Wochen zuvor beim Meeting in Jockgrim, wo sie ihre Bestleistung auf 4,73 Meter gesteigert hatte und erst am neuen deutschen Rekord von 4,83 Metern gescheitert war.

In Rio sprang sie im ersten Versuch über 4,50 Meter. Danach griff sie erst bei 4,70 Metern wieder zum Stab. „Mit Pokern hatte die Taktik heute nichts zu tun. Es ist ja nicht so, dass ich etwas versuche, woran ich nicht glaube. Es ist das, was ich kann", sagte sie. Nur an diesem Tag konnte sie es nicht. Die Latte fiel dreimal, Lisa Ryzih landete auf Rang zehn. Dabei wäre die Höhe durchaus drin gewesen. „Es hat einfach nicht funktioniert, weil ich nicht die Tiefe hatte. Ich habe die Ständer immer weiter vorgezogen, aber es hat trotzdem die Tiefe gefehlt. Ich weiß nicht, woran es lag, die Power hat gefehlt, um über die Latte zu fliegen, ich bin drauf gefallen. Ich habe alles reingelegt, es hat halt einfach heute nicht gereicht", erklärte sie. Auch EM-Silber konnte sie da zunächst nur wenig trösten: „In so einem Moment denkt man nicht an die Vergangenheit, an Wettkämpfe wie

Mit Handicap zu Silber

Beugerprobleme hemmten Lisa Ryzih im Stabhochsprung-Finale der Europameisterschaften in Amsterdam – weswegen sie so wenig Sprünge wie möglich machte. Dass sie mit nur vier Versuchen zu Silber flog, feierte sie ausgelassen

Amsterdam – das ist absolut irrelevant – oder an die Zukunft. Heute waren die Olympischen Spiele, und die waren viel zu schnell vorbei."

Im Kampf um Gold gab ein Fehlversuch bei 4,70 Metern den Ausschlag, den sich die US-Amerikanerin Sandi Morris geleistet hatte. Sie sprang danach jeweils im zweiten Versuch über 4,80 Meter und 4,85 Meter. Das gelang auch der Griechin Ekateríni Stefanidi, die aber 4,70 Meter im ersten Anlauf gemeistert hatte. Das war letzten Endes der Schlüssel zu Gold. Sandi Morris blieb Silber. Die erst 19-Jährige Eliza McCartney (Neuseeland) holte sich mit 4,80 Metern Bronze.

Für Aufsehen sorgte eine, die gar nicht am Wettkampf teilnahm: Weltrekordlerin Jelena Issinbajewa aus Russland. Wenige Stunden vor dem Finale hatte Issinbajewa die Olympia-Bühne nicht nur dazu genutzt, um ihren Rücktritt zu verkünden. Zugleich prangerte sie erneut die – aus ihrer Sicht – Ungerechtigkeit des Komplett-Banns der russischen Leichtathleten an und stellte den Wert des Goldgewinns für die Olympiasiegerin von Rio infrage. Peinlich: Issinbajewa hatte 2012 in London selbst nur Olympia-Bronze erkämpft – und war beim Stabhochsprung-Finale in Rio nicht einmal als Zuschauerin im Stadion. 2004 und 2008 wurde sie Olympiasiegerin.

Issinbajewa stänkert

„Ich denke, die Siegerin wird fühlen, dass sie nicht das ganze Gold gewonnen hat, wenn Issinbajewa nicht am Start war", erklärte die 34 Jahre alte Russin. Außerdem hätte sie den Medaillenkampf wohl locker gewonnen, tönte sie – wenn sie dabei gewesen wäre. „Ich habe vor Rio mit meinem Coach über eine Höhe von 5,10 Metern gesprochen, die ich springen könnte", sagte Issinbajewa, die den Weltrekord mit 5,06 Metern hält.

Statt im Stadion ihren Kolleginnen zuzuschauen, wollte sie lieber die Sportler ihres Landes beim Ringen oder anderswo unterstützen. „Die Ergebnisse der russischen Athleten machen mich jeden Tag glücklich", meinte Issinbajewa. „Das ist absolut überflüssig", schimpfte Martina Strutz. „Außerdem hat Jelena vor vier Jahren gar kein Gold gewonnen." Die Schwerinerin kam auf Platz neun. Und auch Ekateríni Stefanidi meinte: „Ich fühle nicht, dass das Gold nicht komplett ist. Es ist ein wenig bestürzend, was sie gesagt hat, weil wir nichts mit der Entscheidung zu tun haben."

Die im russischen Omsk geborene Ryzih kann nicht verstehen, warum Russland es leugnet und nicht wahrhaben will, dass in dem Land systematisch gedopt wurde. „Dass die Russen nicht zu Olympia zugelassen wurden, beruht auf Fakten. Und ich weiß nicht, warum Jelena dies nicht einsehen will und ihre Augen öffnet. So etwas sollte sie als Weltrekordlerin mit all ihren Titeln nicht sagen. Ich kann mir nicht vorstellen, dass Usain Bolt so etwas über seine Konkurrenz sagen würde."

Die Grande Dame tritt ab

Betty Heidler: Sie hielt den Weltrekord, war Weltmeisterin, Europameisterin und Olympia-Dritte. In Deutschland bestimmte sie über ein Jahrzehnt das Geschehen im Hammerwurf. Mit EM-Silber, Platz vier bei Olympia und einem Lächeln verabschiedete sich Betty Heidler von der Hammerwurf-Bühne.

DKB
GERMANY

Bilder einer olympischen Karriere

2004 in Athen jubelte Betty Heidler über einen völlig überraschenden vierten Platz, den sie mit einem deutschen Rekord von 72,73 Metern errang. Vier Jahre später war der neunte Platz in Peking mit 70,06 Metern eine Enttäuschung. Unvergessen der dritte Platz in London (77,12 m) nach einer Zitterpartie, weil die Weitenmessung nicht richtig funktionierte. 2016 in Rio feierte Betty Heidler als Vierte in Rio (73,71 m) ein versöhnliches Ende ihrer Olympia-Geschichte (von links nach rechts)

Betty Heidler fluchte kurz und streckte die Zunge in Richtung Kamera. Dann aber fand die Hammerwerferin ihr strahlendes Lächeln wieder. Wenige Minuten, nachdem ihr im letzten Durchgang die Bronzemedaille bei den Olympischen Spielen in Rio entrissen worden war, zog die 32-Jährige ein versöhnliches Fazit ihrer Erfolgskarriere. „Für mich schließt sich der Kreis: vierter Platz in Athen und vierter Platz heute", sagte Heidler mit Verweis auf ihre ersten Sommerspiele vor zwölf Jahren und fügte stolz hinzu: „Es überwiegt die Freude darüber, dass ich es bis hierher geschafft habe. Und dass ich Spuren hinterlassen habe."

Die Berlinerin von der LG Eintracht Frankfurt musste sich mit 73,71 Metern mit dem undankbaren vierten Platz begnügen – dabei hatte sie lange auf dem Bronze-Rang gelegen. Erst mit ihrem letzten Wurf übertrumpfte Sophie Hitchon die Olympia-Dritte von 2012 mit dem britischen Rekord von 74,54 Metern.

Wunsch erfüllt sich nicht

„Nein, ich bin nicht unglücklich. Aber mit Bronze wäre ich glücklicher", sagte Heidler. Ihr größter Wunsch, eine Olympia-Medaille zum Ende ihrer internationalen Karriere, erfüllte sich in Rio de Janeiro nicht.

Erstmals zur Olympiasiegerin kürte sich wie erwartet die Polin Anita Wlodarczyk. Die Weltmeisterin und dominierende Werferin der Saison krönte ihren Auftritt mit 82,29 Metern – Weltrekord. Sie verbesserte ihre eigene Bestmarke aus dem Vorjahr um 1,21 Meter und verwies die Chinesin Zhang Wenxiu (76,75 m) deutlich auf Rang zwei.

Die deutsche Leichtathletik verliert nun eines ihrer großen Aushängeschilder. „Betty Heidler hat mit ihren vielen internationalen Erfolgen, ihrem Weltrekord im Hammerwerfen und ihrer sympathischen, aber auch stets kritisch selbstbewussten Art unendlich viel für die deutsche Leichtathletik getan", sagte

DLV-Sportdirektor Thomas Kurschilgen und zollte Heidler nach ihrem letzten Auftritt bei internationalen Meisterschaften noch einmal seine Hochachtung.

EM-Silber zum Abschluss

2007 in Osaka war Betty Heidler Weltmeisterin geworden, 2011 hatte sie in Halle (Saale) mit 79,42 Metern einen Weltrekord aufgestellt. In London gab es vor vier Jahren in einem denkwürdigen Wettbewerb Olympia-Bronze. Ein Wurf über die 80 Meter blieb ihr aber verwehrt – ebenso wie jetzt im Olympiastadion von Rio eine zweite Bronzemedaille. „Es ist nicht schön, aber ich hätte vorher auch weiter werfen können“, meinte die Viertplatzierte gefasst.

Betty Heidler hatte sich im Juni schon über Silber bei den Europameisterschaften in Amsterdam gefreut. Bei ihrer letzten kontinentalen Meisterschaft dekorierte sich die 32 Jahre alte Berlinerin mit Silber und verließ mit einem strahlenden Lächeln den Ring. „Ich bin stolz und total happy. Über diese Medaille freue ich mich riesig“, sagte sie.

Es war für sie die achte internationale Medaille. 2012 gewann sie Olympia-Bronze. Bei Weltmeisterschaften holte sie 2007 Gold sowie 2009 und 2011 Silber. 2010 war sie zudem Europameisterin. Außerdem hatte sie Silber bei der U23-EM 2005 und Gold bei der Universiade 2009 geholt. Dazu kamen elf nationale Titel. Mit ihrer persönlichen Bestleistung von 79,42 Metern war Heidler von 2011 bis 2014 Weltrekordlerin.

Leistungssport ade!

Heidler wird am Ende der Saison abtrainieren – und nicht mehr dieses ungewöhnliche Wurfgerät in die Hand nehmen. Als Hobbysport eigne sich die Disziplin nicht. „Ich weiß noch nicht, ob ich die Geräte verschenke, verlose oder einfach weitergebe.“

Unbändige Freude ...

... zeigten Julia Fischer (links) und Shanice Craft nach ihrem Silber-Bronze-Coup im Diskuswerfen

Warm-up für Rio

Der Deutsche Leichtathletik-Verband blickte Olympia nach einem starken EM-Auftritt mit Zuversicht entgegen. „Wir sind gut gewappnet für Rio und können hoffnungsfroh sein", sagte DLV-Präsident Clemens Prokop. Nach 44 Wettkämpfen waren 16 Medaillen (5x Gold/4x Silber/7x Bronze) auf der Habenseite. Neben den Kugelstoßern David Storl und Christina Schwanitz holten auch Hindernisläuferin Gesa Felicitas Krause, Hürdensprinterin Cindy Roleder und Dreispringer Max Heß Gold, sodass in allen Disziplingruppen – Werfen, Springen, Sprinten und Laufen – je mindestens ein Sieg verbucht wurde. Ein gutes Omen: Auch bei der EM 2012 in Helsinki (6/6/4) gab es 16 Medaillen und danach bei den Sommerspielen acht (1/4/3). Zudem holte in Amsterdam auch der behinderte Weitspringer Markus Rehm in einem Einlage-Wettkampf Gold.

In Amsterdam haben Trümpfe gestochen, Talente aufgetrumpft und Mitfavoriten enttäuscht. Trotz langwieriger Verletzung verteidigte Christina Schwanitz mit Routine ihren Titel im Kugelstoßen. Für Verblüffung sorgten bei ihren EM-Premieren vor allem die 19 Jahre alten Teenager Gina Lückenkemper und Max Heß. Die Sprinterin holte Bronze über 200 Meter und mit der Staffel, der Dreispringer hüpfte auf Anhieb zu Gold.

Medaillensatz komplettiert

Cindy Roleder machte mit ihrem Erfolg den internationalen Medaillensatz komplett: Bronze bei der EM 2014 in Zürich und Silber bei der WM 2015 in Peking ließ sie nun Gold folgen. „Ich freue mich tierisch", sprudelte es nach dem Lauf aus ihr heraus. „Ich habe immer gesagt, ich habe noch ein Ziel und zwar die Nationalhymne nur für mich zu hören." Das gelang ihr in Amsterdam. Roleder konnte dabei vor allem auf ihre Stärke bauen: Nach einem schwachen Start kam sie richtig in Fahrt und überzeugte mit einem furiosen Finish. In 12,62 Sekunden gewann sie vor Dauerrivalin Alina Talay aus Weißrussland (12,68 sec) und der Britin Tiffany Porter (12,76 sec).

Hindernisläuferin Gesa Krause bestimmte von Beginn an das Rennen und ließ irgendwann auch ihre letzte Verfolgerin, die Albanerin Luiza Gega, hinter

Europameisterschaften in Amsterdam: **Generalprobe für Olympia in Rio mit 16 Medaillen geglückt. Während Kugelstoßer David Storl mit seinem dritten EM-Titel in Folge Geschichte schrieb, stürmten junge Talente wie Dreispringer Max Heß oder Sprinterin Gina Lückenkemper mit Podestplätzen ins Rampenlicht.**

Völlig entfesselt ...
... feierte Linda Stahl ihren Last-Minute-Erfolg. Im letzten Durchgang sicherte sie sich Silber

sich. Im Ziel hatte sie nicht nur fast zehn Sekunden Vorsprung auf das restliche Feld, sondern stellte in 9:18,85 Minuten auch eine neue persönliche Bestleistung auf. Den sieben Jahre alten deutschen Rekord von Antje Möldner-Schmidt verfehlte sie nur um 31 Hundertstel.

Nach einer Schulterverletzung, verspätetem Saisoneinstieg und gerade einmal acht Wochen Training gelang Christina Schwanitz im ersten Versuch des EM-Finals der erste Stoß über 20 Meter in diesem Jahr: 20,17 Meter. „Ich hätte nicht gedacht, dass ich so weit stoßen kann. Es war ein ungemein geiler Tag", sagte eine überglückliche Christina Schwanitz nach dem Wettkampf. Nach Gold 2014 bei der EM und 2015 bei der WM war es der dritte Titel in Folge – und das mit 1,45 Meter Vorsprung auf die Konkurrenz.

Storl schreibt Geschichte

Weitaus gelassener nahm David Storl seinen Sieg hin – immerhin schon der dritte bei einer EM für einen, der wenig später am 27. Juli gerade einmal seinen 26. Geburtstag feierte. Kein Europäer hat zuvor drei Titel bei Europameisterschaften gewonnen. Für den Leipziger zählte in diesem Jahr aber nur Olympia – und dort der Sieg. „Was denn sonst?", meinte der zweimalige Weltmeister und Olympia-Zweite von 2012. In Amsterdam gewann er mit 21,31 Metern, nachdem auch er verletzungsbedingt im Training noch Nachholbedarf hatte.

Für eine kleine Sensation sorgte Dreispringer Max Heß, der vier Tage vor seinem 20. Geburtstag seine Freiluft-Bestleistung in seinem einzigen gültigen Versuch um 14 Zentimeter auf 17,20 Meter verbesserte und mit vier Zentimetern Vorsprung auf den Polen Karol Hoffmann gewann. „Damit liebäugelt man, aber als Europameister aus dem Stadion zu gehen, ist schon etwas unwahrscheinlich", meinte er. „Als ich auf dem Siegerpodest stand, war es ein Feeling, das immer im Kopf bleiben wird."

Licht und Schatten

„Manchmal ist es außergewöhnlich gut gelaufen, manchmal mit viel Lehrgeld verbunden gewesen", meinte Gonschinska. Für den Chefcoach ist die EM, bei der ein junges Team mit einem Durchschnittsalter von 25,2 Jahren angetreten war, deshalb auch ein Experiment gewesen – für Rio und sogar mit Perspektive für die Sommerspiele 2020 in Tokio.

Für positive Überraschungen sorgten unter anderen Hochspringer Eike Onnen, der als Dritter mit 33 Jahren seine erste internationale Medaille gewann. Oder 5000-Meter-Läufer Richard Ringer, der

Mit Lockerheit zum Erfolg

Zwei Sprinterinnen zeigten, was mit der nötigen Lockerheit möglich ist. Seitdem Cindy Roleder (oben) Mehrkampf trainiert, feiert sie ihre größten Erfolge über die Hürden. In Amsterdam gewann sie Gold. Gina Lückenkemper (unten) sprintete mit der Unbekümmertheit einer 19-Jährigen zu 200-Meter-Bronze

Im Anflug zu Gold

In einem Einlage-Wettkampf der behinderten Weitspringer flog Markus Rehm mit 46 Zentimetern Vorsprung zu Gold

DEUTSCHE MEDAILLEN IN AMSTERDAM

●	Max Heß (LAC Erdgas Chemnitz)	Dreisprung	17,20 Meter
●	Gesa Krause (LG Eintracht Frankfurt)	3000 Meter Hindernis	9:18,85 Minuten
●	Cindy Roleder (SC DHfK Leipzig)	100 Meter Hürden	12,62 Sekunden
●	Christina Schwanitz (LV 90 Erzegebirge)	Kugelstoßen	20,17 Meter
●	David Storl (SC DHfK Leipzig)	Kugelstoßen	21,31 Meter
●	Markus Rehm (TSV Bayer 04 Leverkusen)	Behinderten-Weitsprung	8,03 Meter
●	Julia Fischer (SCC Berlin)	Diskuswurf	65,77 Meter
●	Betty Heidler (LG Eintracht Frankfurt)	Hammerwurf	75,77 Meter
●	Lisa Ryzih (ABC Ludwigshafen)	Stabhochsprung	4,70 Meter
●	Linda Stahl (TSV Bayer 04 Leverkusen)	Speerwurf	65,25 Meter
●	Shanice Craft (MTG Mannheim)	Diskuswurf	63,89 Meter
●	Gina Lückenkemper (LG Olympia Dortmund)	200 Meter	22,74 Sekunden
●	Malaika Mihambo (LG Kurpfalz)	Weitsprung	6,65 Meter
●	Eike Onnen (Hannover 96)	Hochsprung	2,29 Meter
●	Richard Ringer (VfB LC Friedrichshafen)	5000 Meter	13:40,85 Minuten
●	4x100-Meter-Staffel Frauen Tatjana Pinto (LC Paderborn), Lisa Mayer (LG Langgöns/Oberkleen), Gina Lückenkemper (LG Olympia Dortmund), Rebekka Haase (LV 90 Erzgebirge)		42,48 Sekunden
●	4x100-Meter-Staffel Männer Julian Reus (TV Wattenscheid 01), Sven Knipphals (VfL Wolfsburg), Roy Schmidt (LAZ Leipzig), Lucas Jakubczyk (SCC Berlin)		38,47 Sekunden

bis zum letzten Zentimeter kämpfte und zeitgleich hinter den beiden Spaniern Ilias Fifa und Adel Mechaal Bronze gewann. Im Diskuswerfen landeten gleich drei deutsche Frauen unter den besten Vier. Julia Fischer gewann hinter der Kroatin Sandra Perkovic (69,97 m) mit 65,77 Metern Silber, Shanice Craft wurde mit 63,89 Metern Dritte. Das deutsche Top-Ergebnis perfekt machte Nadine Müller als Vierte (62,63 m). Andere bewiesen Nervenstärke: Speerwerferin Linda Stahl gelang noch im letzten Wurf auf 65,25 Meter eine Saison-Bestleistung und der Sprung auf den Silberrang.

Es gab aber auch für den einen oder anderen DLV-Topathleten einen Dämpfer. Speerwerfer Thomas Röhler reiste als Weltbester und Goldkandidat an, ging durch eine Verletzung gehandicapt ins Finale und landete auf Platz fünf. Diskuswerfer Christoph Harting wollte endlich aus dem Schatten seines berühmten Bruders treten, verfehlte seine erste internationale Medaille jedoch um 14 Zentimeter. Nicht auf Hochtouren kam Julian Reus. Der schnellste Deutsche verpasste beide Endläufe über 100 und 200 Meter.

Schippers begeistert die Fans

50 der 51 Mitgliedsländer des Europäischen Verbandes nahmen an den Titelkämpfen teil. Für Begeisterung bei den niederländischen Gastgebern sorgte unter anderem Sprinterin Dafne Schippers. Die 200-Meter-Weltmeisterin setzte in Amsterdam auf die 100 Meter und dominierte dort. Im Finale setzte sich die 24-Jährige bei minimalem Gegenwind in überragenden 10,90 Sekunden und mit drei Zehntelsekunden Vorsprung durch. Zudem stellte sie zusammen mit Jamile Samuel, Tessa Van Schagen und Naomi Sedney beim 4x100-Meter-Sieg in 42,02 Sekunden einen neuen niederländischen Landesrekord auf. Einen anderen verlor sie in den EM-Tagen allerdings: Ihre 6545 Punkte im Siebenkampf wurden von der neuen Europameisterin Anouk Vetter mit 6626 Zählern übertroffen.

Enttäuschend verliefen die Europameisterschaften für Stabhochspringer Renaud Lavillenie. Der Franzose patzte dreimal bei seiner Einstiegshöhe von 5,75 Metern.

Millimeter entscheiden ...

... nach 5000 Metern. Zeitgleich stürmten die drei Erstplatzierten ins Ziel – unter ihnen Richard Ringer, der Bronze gewann. Auch der Viertplatzierte Henrik Ingebrigtsen (nicht im Bild) war nur eine Hundertstel langsamer

Rekord geholt, Rekord verloren

Neben ihrem 100-Meter-Sieg gewann Dafne Schippers mit der 4x100-Meter-Staffel in nationaler Rekordzeit. Ihren Siebenkampf-Rekord verlor sie an Anouk Vetter

DIE NATIONENWERTUNG VON AMSTERDAM

		●	●	●	4.	5	6.	7.	8.	Punkte
1	Deutschland	6	4	7	3	3	3	6	5	169,25
2	Großbritannien	5	3	8	3	7	4	3	0	169
3	Polen	6	5	1	6	1	6	3	2	147,25
4	Frankreich	2	5	3	0	4	3	5	1	105
4	Niederlande	4	2	2	5	0	3	5	3	105
6	Türkei	4	5	2	0	2	2	0	0	93
7	Spanien	3	3	1	2	0	1	3	5	75
8	Italien	2	1	2	1	3	4	0	5	67
9	Ukraine	1	0	0	4	2	5	0	2	52
10	Schweiz	1	0	3	2	2	0	3	0	49,5
11	Tschechische Republik	0	4	0	2	1	1	1	2	48,5
12	Weißrussland	1	2	0	1	2	3	0	1	45
13	Belgien	2	1	0	3	1	0	1	1	44,5
14	Portugal	2	1	2	0	2	0	0	0	43
15	Schweden	0	2	2	0	2	1	1	1	39,5
16	Norwegen	1	0	2	2	0	2	1	1	39
17	Bulgarien	0	3	0	1	2	0	1	0	35,5
18	Griechenland	1	0	1	2	0	3	1	1	34,75
19	Ungarn	0	2	0	1	1	1	0	0	26
20	Estland	0	0	1	2	0	0	2	0	20

ZURICH
MLINE
BARMER GEK
HARTING

Titel, Typen, Tickets

Deutsche Meisterschaften in Kassel: Vor den Saisonhöhepunkten EM und Olympia ging es bei der DM im Kasseler Auestadion zur Sache. Highlight: der Diskus-Krimi mit Robert Harting.

Es war wie in alten Zeiten. Damals vor dem Kreuzbandriss im September 2014. Robert Harting trat bei den Deutschen Meisterschaften Mitte Juni im Kasseler Auestadion in den Ring und holte im sechsten Versuch zum großen Wurf auf. Wie schon 2009 in Berlin bei seinem ersten WM-Titel im heimischen Olympiastadion konterte er die Konkurrenz, nutzte seine letzte Chance auf den Titel. Und genau wie sieben Jahre zuvor kannte die Freude beim Olympiasieger von 2012 keine Grenzen mehr. Er sackte zum Jubeln auf die Knie und vollführte eine Box-Einlage vor den Objektiven der Fotografen. „Schaut her, ich bin wieder der Chef im Ring", lautete die Botschaft seiner Geste.

„Mir glühte der Hintern"

In Kassel steigerte sich der Berliner in einem wahren Finalkrimi im letzten Durchgang auf glänzende 68,04 Meter und fing seinen jüngeren Bruder Christoph (66,41 m) noch ab. „Hatte ich ein Glück! Mir glühte der Hintern im letzten Versuch", sagte der 31-Jährige nach dem spannendsten Wettbewerb der Deutschen Meisterschaften in Kassel. Fünf deutsche Diskuswerfer hatten im Vorfeld die Olympia-Norm erfüllt – doch nur der Deutsche Meister buchte direkt das Olympia-Ticket. Es war Robert Harting, dem knapp zwei Monate später in Rio ein Hexenschuss zum Verhängnis wurde. Aus in der Qualifikation. Dafür sprang unterm Zuckerhut sein jüngerer Bruder Christoph in die Bresche und holte Olympiagold – natürlich mit dem letzten Wurf!

DM-Dritter, Olympia-Dritter

„Ich fahre jetzt eine G-Klasse und keinen Formel-1-Boliden mehr", sagte Robert Harting in Kassel mit Blick auf den Trainingsrückstand und sein immer noch schmerzendes rechtes Knie. „Wenn ich die anderen überholen soll, muss schon Gelände kommen." Vor den 15.200 Zuschauern im Auestadion sicherte sich der Wattenscheider Daniel Jasinski mit 65,18 Metern Rang drei. Denselben Platz sollte er acht Wochen später in Rio belegen. Eine Sensation.

Jubel I

Jenny Elbe im Glück: Die Dreispringerin nutzte ihre letzte Chance und flog im sechsten Versuch auf windunterstützte 14,28 Meter und zum DM-Titel. Die Dresdnerin fing so die Hallen-Vizeweltmeisterin Kristin Gierisch (14,05 m) ab

Jubel II

Machen die Deutschen Meisterschaften in Kassel Station, ist Martina Strutz zur Stelle. Wie 2011 war die Schwerinerin auch 2016 im Auestadion vorn. 4,70 Meter waren eine Weltklasseleistung bei schwierigen Bedingungen

BENZ

Titel-Premiere

Sie ist 2016 noch in der Jugendklasse startberechtigt. Doch bei den Deutschen Meisterschaften lief Konstanze Klosterhalfen auch der Frauen-Konkurrenz auf und davon. Die 19 Jahre alte Leverkusenerin entschied die 1500 Meter mit 4:07,92 Minuten souverän für sich

Fünf Speerwerfer überboten im Auestadion in einem hochklassigen Wettkampf die 80 Meter, der Jenaer Thomas Röhler sorgte bei seinem Favoritensieg mit 86,81 Metern für eine der hochkarätigsten Leistungen der Titelkämpfe. Auch Stabhochsprung-Meisterin Martina Strutz überzeugte mit 4,70 Metern. Mit der Weltjahresbestleistung von 66,41 Metern holte sich Speerwerferin Christin Hussong ihren ersten DM-Titel. Die WM-Sechste vom LAZ Zweibrücken gewann mit großem Abstand vor Weltmeisterin Katharina Molitor (62,86 m)

Nadine Müller die Nr. 1 im Ring

Gleich sechs Diskuswerferinnen hatten vor Kassel die Olympia-Norm erfüllt – die WM-Dritte Nadine Müller holte sich den Titel am ersten Tag der Meisterschaften gleich im ersten Versuch: Die Hallenserin gewann mit 65,79 Metern vor Julia Fischer (63,94 m). „Ich träume noch nicht von einer Olympia-Medaille, aber ich kann mit dem Titelgewinn ruhiger schlafen", sagte Müller. In Rio sollte sie als beste deutsche Diskuswerferin Rang sechs belegen.

Kugel-Asse nicht zu stoppen

In Kassel trumpften viele Favoriten und Seriensieger auf: Kugelstoß-Ass David Storl gewann mit 20,75 Metern – sein sechster Titel in Serie. Kugelstoß-Weltmeisterin Christina Schwanitz kam nach langer Zwangspause wieder in Fahrt: Mit 19,49 Metern holte sich Storls Trainingskollegin ihren fünften Titel. Beide wurden knapp drei Wochen später in Amsterdam Europameister.

Julian Reus wurde zum vierten Mal in Serie 100-Meter-Meister. Der Wattenscheider gewann bei Gegenwind in 10,30 Sekunden. Tatjana Pinto (LC Paderborn) siegte in 11,22 Sekunden. Mit ihrem elften Titel verabschiedete sich Hammerwerferin Betty Heidler von den Deutschen Meisterschaften.

Noch viele Deutsche Meisterschaften liegen hingegen vor Sprinterin Gina Lückenkemper und Mittelstrecklerin Konstanze Klosterhalfen. Die beiden 19-Jährigen liefen in Kassel zu ihrem ersten Freiluft-Titel bei den Erwachsenen. Klosterhalfen dominierte die 1500 Meter in 4:07,92 Minuten und hatte knapp vier Sekunden Vorsprung auf die Konkurrenz.

Gina Lückenkemper machte es spannender. Die Soesterin im Trikot der LG Olympia Dortmund setzte sich in 22,84 Sekunden knapp vor Lisa Mayer (22,87 sec) durch. Auch die Vizemeisterin ist erst 20 Jahre alt. Das lässt auf viele hochklassige Sprint-Finals bei kommenden Deutschen Meisterschaften hoffen.

Stilsicher & schnell

Robin Erewa fand den richtigen Schritt bei den Deutschen Meisterschaften. Mit 20,59 Sekunden holte der Sprinter vom TV Wattenscheid den 200-Meter-Titel

STADTWERKE BOCHUM
Bundeswehr
BARMER GEK
EREWA

Irre Flugshow

Hallen-Weltmeisterschaften in Portland: Lange Zeit fristete der Dreisprung in Deutschland ein Schattendasein. Wiedererstarkt brachte er dem deutschen Team bei der Hallen-WM zwei von drei Medaillen. Dominant war das US-Team, das die Hälfte aller Goldmedaillen gewann.

Zum Medaillenhamster ...

... mutierte Max Heß in diesem Jahr. Silber bei der Hallen-WM ließ er EM-Gold folgen. Im Freien und in der Halle gewann der 19-Jährige Gold bei Deutschen Meisterschaften

Kampf wird belohnt

Als Dritter des Siebenkampfes ging Mathias Brugger auf die abschließenden 1000 Meter. Dank einer Verbesserung seiner Bestzeit um vier Sekunden hielt er den starken Läufer Curtis Beach in Schach und sicherte sich mit acht Punkten Vorsprung auf den US-Amerikaner Bronze

Die Dreisprung-Asse Kristin Gierisch und Max Heß sowie Mehrkämpfer Mathias Brugger haben den deutschen Leichtathleten bei den Hallen-Weltmeisterschaften drei Medaillen beschert. „Großartig! Unbeschreiblich! Ich bin ein bisschen sprachlos. Ich hätte nie gedacht, dass es so wie in der Meldeliste der zweite Platz wird“, meinte Heß, der ebenso wie seine Chemnitzer Trainingskollegin Gierisch in Portland/US-Bundesstaat Oregon Silber gewann.

Heß holte die erste Medaille der deutschen Dreispringer seit den Hallen- und Freiluft-Goldmedaillen von Charles Friedek 1999 in Maebashi und Sevilla. Für eine Premiere hatte zuvor Gierisch gesorgt: Die 25-Jährige gewann mit Silber als erste deutsche Sportlerin in dieser Disziplin bei einer Hallen-WM Edelmetall. Gierisch landete bei 14,30 Metern, elf Zentimeter weiter sprang Yulimar Rojas aus Venezuela.

In Zukunft investieren

„Ich habe vorhin gehört, dass wir eine Dreisprung-Nation sind. Das habe ich viele Jahre nicht gehört“, meinte der deutsche Cheftrainer Idriss Gonschinska. „Diese Bewertung ist ein Ausdruck dafür, dass es sich lohnt, zukunftsorien-

„Wir wollen jetzt die Medaille!“

Das sagte Dreispringerin Kristin Gierisch (rechts) vor der Hallen-WM zu ihrem Trainer Harry Marusch. Im Jahr zuvor war die Chemnitzerin bei der Hallen-EM auf dem unglücklichen vierten Rang gelandet. So knapp wollte sie nicht wieder an einer Medaille vorbeischrammen. Nach ihrem Silber-Coup brach sie vor Freude in Tränen aus.

Superstar I

Der französische Stabhochspringer Renaud Lavillenie ist – wenn er sich nicht selbst ein Bein stellt – nahezu unschlagbar. In Portland blieb der nur 1,77 Meter große Springer bis einschließlich 6,02 Meter fehlerfrei. Er scheiterte erst beim Versuch, mit 6,17 Metern einen neuen Weltrekord aufzustellen

tierte Projekte zu fördern." Die für viele merkwürdig anmutende Disziplin mit dem „Hop, Step und Jump" war in den vergangenen Jahren teilweise kaum noch beachtet worden, die Leistungen stagnierten. Nun brachte sie dem nur 14-köpfigen Team des Deutschen Leichtathletik-Verbandes (DLV) gleich zwei von drei Medaillen bei der Hallen-WM.

„Das war einfach unglaublich! Der vierte Platz letztes Jahr bei der EM in Prag war hart", meinte die überglückliche Gierisch. „Dieses Mal habe ich vorher zu meinem Trainer gesagt: Wir wollen jetzt die Medaille!" Sie arbeitet seit 13 Jahren mit Harry Marusch zusammen, der auch Heß betreut: „Er ist der wichtigste Bezugspunkt für mich, wie ein zweiter Vater."

Auch für Heß wurde „ein großer Traum wahr". Im vierten Versuch sprang der erst 19-Jährige 17,14 Meter weit und übertraf damit seine Bestweite um 14 Zentimeter. Der Deutsche Meister musste sich nur dem Chinesen Bin Dong (17,31 m) geschlagen geben. Dafür ließ er Topathleten wie Europameister Benjamin Compaoré (Frankreich) und den Olympiasieger von 2008, Nelson Evora (Portugal), hinter sich. Auch Heß lobte seinen Coach Marusch: „Er hat mich in seine Trainingsgruppe aufgenommen, obwohl ich ziemlich schlecht war und hat einen Vize-Weltmeister aus mir gemacht. Dafür bin ich ihm sehr dankbar."

Im Siebenkampf musste Mathias Brugger bis zum Schluss um Bronze zittern. Der als starker Läufer bekannte Amerikaner Curtis Beach hatte vor den 1000 Metern nur 67 Punkte Rückstand auf den Ulmer. Beach rannte zu einem Start-Ziel-Sieg. Brugger ließ den Abstand jedoch nicht zu groß werden – und war nach 2:34,10 Minuten erlöst.

Unglaubliches Gefühl

„Es ist ein unglaubliches Gefühl, ein Traum", sagte der 23-Jährige. Mit 6126 Punkten übertraf er seine persönliche Bestmarke um 66 Zähler. Den Titel holte sich Top-Favorit Ashton Eaton. Der Zehnkampf-Weltrekordler aus den USA gewann mit der Weltjahresbestleistung von 6470 Punkten. Für ihn war es das dritte Hallen-WM-Gold nacheinander, für das US-Team der achte Titel bei der Heim-Weltmeisterschaft. Überhaupt nutzten die USA ihren Heimvorteil. Die Gastgeber holten 23-mal Edelmetall – davon allein 13-mal Gold und damit die Hälfte aller Titel. Die Gastgeber überboten im US-Bundesstaat Oregon vor der Heimkulisse von insgesamt 39.283 Fans ihre bisherigen Bestmarken für Gold (10) aus dem Jahr 2012 sowie Edelmetall (19) von den Titelkämpfen 1999.

DEUTSCHE MEDAILLEN IN PORTLAND

●	**Max Heß (LAC Erdgas Chemnitz)**	**Dreisprung**	**17,14 Meter**
●	**Kristin Gierisch (LAC Erdgas Chemnitz)**	**Dreisprung**	**14,30 Meter**
●	**Mathias Brugger (SSV Ulm 1846)**	**Siebenkampf**	**6126 Punkte**

Superstar II

Druck scheint Zehnkämpfer Ashton Eaton nicht zu kennen. Immer, wenn es darauf ankommt liefert er Höchstleistungen ab. So auch bei der Hallen-WM mit 6470 Punkten. Besser waren in der Geschichte nur er selbst – viermal – und sein Landsmann Dan O'Brien, der 1993 einmal auf 6476 Zähler kam

Für eine starke Leistung sorgte wieder einmal Stabhochspringer Renaud Lavillenie. Der Franzose flog jeweils im ersten Versuch über 5,75, 5,90 und 6,02 Meter und hatte damit sein zweites Gold bei einer Hallen-WM nach 2012 sicher. Seinen ersten Fehlversuch verzeichnete der 29-Jährige erst beim Versuch, mit 6,17 Metern einen neuen Weltrekord aufzustellen. Die Latte fiel allerdings bei allen drei Anläufen über diese Höhe.

Erfahrungen sammeln

Der DLV hatte ein mit elf Athleten sehr kleines Team in die USA geschickt. Lernen, Erfahrungen sammeln, die beste Leistung abrufen – und vielleicht für die ein oder andere Überraschung sorgen: Mit dieser Vorgaben ist das junge deutsche Team mit einem Durchschnittsalter von 22,5 Jahren bei der Hallen-WM in Portland angetreten – und überzeugte über weite Strecken. „Die Nominierung des jungen Teams für Portland war die richtige Entscheidung", bilanzierte DLV-Chef-Trainer Idriss Gonschinska.

DIE NATIONENWERTUNG VON PORTLAND

					4.	5	6.	7.	8.	Punkte
1	USA	13	6	4	8	6	3	2	2	249
2	Äthiopien	2	2	1	2	1	2	0	0	56
3	Großbritannien	0	1	2	0	1	3	2	3	39
4	Polen	0	1	2	1	1	1	1	0	33
5	Jamaika	1	1	1	2	0	0	0	1	32
6	Frankreich	1	1	2	0	0	0	1	1	30
7	Deutschland	0	2	1	0	0	1	2	1	28
7	China	1	0	1	1	1	1	0	2	28
9	Tschechische Republik	1	1	0	1	1	0	0	2	26
9	Kenia	0	0	2	0	2	0	2	2	26
9	Ukraine	0	2	1	0	1	0	1	0	26
12	Trinidad & Tobago	0	0	2	2	0	1	0	0	25
13	Neuseeland	1	0	2	0	1	0	0	0	24
14	Griechenland	0	0	2	0	1	1	1	0	21
15	Niederlande	1	1	0	1	0	0	0	0	20
16	Kanada	1	0	0	1	1	0	1	0	19
17	Rumänien	0	1	1	0	1	0	0	0	17
18	Katar	0	1	0	1	1	0	0	0	16
19	Burundi	1	1	0	0	0	0	0	0	15
20	Australien	0	1	0	0	1	1	0	0	14

Wie eine Befreiuung ...

... wirkte der 60-Meter-Triumph in phänomenalen 7,07 Sekunden auf Tatjana Pinto, die im Jahr zuvor schwere private Schicksalsschläge verkraften musste

Sprint-Festival

Deutsche Hallenmeisterschaften in Leipzig: Im Olympia-Jahr war die Hallen-Saison für die deutschen Leichtathleten längst nicht so viel wert wie sonst. Aber vor allem die Sprint-Asse Julian Reus und Tatjana Pinto glänzten in Leipzig – und alles schaute auf die Weitsprung-Entdeckung Alexandra Wester.

„Sorry Sven, der Rekord ist weg.“

Das schrieben die Zeitnehmer von Leipzig per E-Mail an Sven Matthes, der von 1988 bis zum 27. Februar 2016 in Besitz des deutschen Hallenrekordes über 60 Meter war. Bis Julian Reus in Leipzig 6,52 Sekunden rannte

Innerhalb von 15 Minuten bebte die Arena Leipzig zweimal: Erst stürmte Tatjana Pinto praktisch aus dem Nichts in die Weltspitze, dann löschte Julian Reus einen Sprintrekord aus DDR-Zeiten. Einer der ersten Gratulanten war sein 19 Jahre älterer Vorgänger Sven Matthes.

Wie entfesselt stürmte Julian Reus ins Ziel. Und als der uralte Sprint-Rekord endlich geknackt war, gratulierte sein Vorgänger als einer der ersten. „Herzlichen Glückwunsch. Super Zeit, super Leistung!“, schrieb Sven Matthes seinem Nachfolger unmittelbar nach dessen Coup per E-Mail. Sein 60-Meter-Hallenrekord von 6,53 Sekunden hatte auf den Tag genau 28 Jahre und 14 Tage Bestand. Reus blieb bei den deutschen Hallenmeisterschaften in Leipzig eine Hundertstel unter der Bestzeit des damals erst 18-Jährigen vom SC Dynamo Berlin.

Zweimal hatte der 27-Jährige vom TV Wattenscheid die 6,53 Sekunden im Winter 2016 schon eingestellt – an diesem Samstag, dem 27. Februar um 18:06 Uhr, war es dann soweit: 3500 Zuschauer in der ausverkauften Arena feierten den glücklichen Gewinner. Der deutsche 100-Meter-Rekordmann Reus war nun auch der beste DLV-Hallensprinter überhaupt. Reus war noch nicht einmal geboren, als Teenager Matthes am 13. Februar 1988 bei einem Leichtathletik-Länderkampf in Wien die 6,53 Sekunden rannte. „Das war damals Junioren-Hallenweltrekord“, sagte er. An den 6,52 Sekunden von Reus hat er trotzdem etwas zu mäkeln. „Eine Hundertstel hat er im Finale vertrödelt“, befand Matthes, „man sieht, wie er im Ziel nach links zur Zeitleiste rüberguckt – da wäre noch

Strahlende Entdeckung

Alexandra Wester war die Überfliegerin der Hallensaison. Nach 6,95 Metern beim Hallen-ISTAF in Berlin sprang die Kölnerin in Leipzig 6,75 Meter weit und holte ihren ersten DM-Titel

BARMER GEK
267
DKB
Das
kann
Bank

mehr drin gewesen", sagte der Berliner. „Ich habe mir alle Läufe mit Freunden live im Fernsehen angeschaut", berichtete Matthes. Sekunden nach dem Finale wurde ihm vom offiziellen Zeitnehmer German Timing das Zielfoto mit den bestätigten 6,52 Sekunden zugespielt – darunter stand: „Sorry Sven, der Rekord ist weg."

Reus war zufrieden, glücklich und vor allem erleichtert, dass die Rekordhatz nun vorbei war. „Der Lauf hat sich geil angefühlt. Ich bin super happy, dass ich den Rekord jetzt alleine habe", sagte er. Über 200 Meter legte der Rekordsprinter dann am Sonntag nach: Schon im Vorlauf rannte Reus in 20,84 Sekunden persönliche Bestleistung und steigerte sich im Finale auf 20,55 Sekunden. „Das macht eine perfekte Hallensaison noch perfekter", sagte der Doppelmeister. Am Montag danach gönnte sich Reus einen freien Tag – die Hallensaison war für ihn vorbei, bei der WM Mitte März in Portland/USA startete er nicht.

Weltklassezeit aus dem Nichts

Während die Zeit von Reus fast schon erwartet worden war, erzielte 60-Meter-Meisterin Tatjana Pinto mit 7,07 Sekunden eine Weltklassezeit wie aus dem Nichts. Nur vier DDR-Sprinterinnen hatten das überhaupt geschafft, zuletzt war Doppelweltmeisterin Katrin Krabbe 25 Jahre zuvor schneller (7,06 sec). „Ich kann das noch gar nicht glauben", meinte Pinto. „Ich bin überwältigt und muss das erst mal sacken lassen", sagte die 23-Jährige vom LC Paderborn.

Die beiden Sprint-Stars überstrahlten in Leipzig zwar alles, doch es gab weitere Top-Leistungen – vor allem von Hürdensprinterin Cindy Roleder, Dreispringer Max Heß und Weitsprung-Hoffnung Alexandra Wester, die zwei Wochen nach ihrem 6,95-Meter-Coup beim Hallen-ISTAF erneut ein Achtungszeichen setzte: Die 21-Jährige vom ASV Köln holte sich mit 6,75 Metern ihren ersten Titel. „Mein Trainer findet's toll, eine deutsche Meisterin zu trainieren. Deshalb freue ich mich jetzt besonders", meinte das Hobby-Model, das vom früheren Dreisprung-Weltmeister Charles Friedek betreut wird.

Holzdeppe verletzt sich

Stabhochspringer Carlo Paech holte sich in Abwesenheit des verletzten Ex-Weltmeisters Raphael Holzdeppe seinen ersten Titel. Der Leverkusener setzte sich mit 5,60 Metern durch. Holzdeppe hatte sich kurz vor dem Wettkampf eine Verletzung am linken Sprunggelenk zugezogen und konnte nicht antreten. „Ich bin beim Einspringen umgeknickt, kurz vor dem Absprung", sagte er. Wegen der Verletzung musste er nicht nur seine Hoffnungen auf einen Start bei der Hallen-Weltmeisterschaft in Portland vom 17. bis 20. März aufgeben, er fiel mehrere Wochen aus.

In der Arena rissen aber auch die Leipziger Hürden-Asse – angeführt von Erik Balnuweit und Cindy Roleder (lief in 7,88 Sekunden einen Meisterschaftsrekord) – die heimischen Fans zu Jubelstürmen hin. „Ich glaube, dass sich Cindy Roleder mit dem Meisterschaftsrekord in einer für sie ungewohnten Situation und mit einer Druckhaltung fantastisch verkauft und das Publikum begeistert hat", stellte DLV-Cheftrainer Idriss Gonschinska fest. Roleder hatte am Samstag ihren Titel eindrucksvoll verteidigt. Die Leipzigerin gewann das Finale über 60 Meter Hürden in persönlicher Saisonbestzeit von 7,88 Sekunden.

Ein besonderes Lob gab es für die Nachwuchskräfte, die sich in Leipzig in den Vordergrund schoben. „Wir haben viele der jungen Gesichter gesehen. Unsere Talente verstecken sich nicht und wollen sich darstellen. Das stimmt uns in der Entwicklung der Leichtathletik über das Olympiajahr hinaus, auch für die EM 2018 in Berlin, positiv", stellte Gonschinska fest.

Dass in der deutschen Leichtathletik die Nachwuchsarbeit vielversprechende Früchte trägt, zeigten vor allem der Chemnitzer Max Heß mit seinem 17,00-Meter-Dreisprung, der besten Leistung bei einer Hallen-DM seit 19 Jahren, und die Leverkusenerin Konstanze Klosterhalfen mit ihrem Sturmlauf zum neuen U20-Hallen-Europarekord. In 8:56,36 Minuten verbesserte sie die alte Bestmarke über 3.000 Meter um rund zehn Sekunden.

Erster Titel für Max Heß

Dreispringer Max Heß sicherte sich seinen ersten Titel und knackte mit einer Punktlandung auf 17,00 Meter sogar die WM-Norm. Der 19-Jährige aus Chemnitz übertraf seine persönliche Bestleistung gleich um 66 Zentimeter. „Ich kann das überhaupt nicht fassen, das ist unglaublich", sagte der Sachse.

In den Sprung-Disziplinen sorgten neben Alexandra Wester auch Hochspringerin Marie-Laurence Jungfleisch (1,95 m) und der Leverkusener Mateusz Przybylko (2,29 m) für weitere Glanzlichter der Veranstaltung.

Das galt auch für die Kugelstoßerin Lena Urbaniak, die mit 18,32 Metern eine neue Bestleistung erzielte, während David Storl in Leipzig die Wettbewerbe von der Tribüne aus verfolgte. Der 25 Jahre alte Sachse hatte bewusst auf die Leichtathletik-Wintersaison verzichtet, um die hartnäckige Entzündung in seinem linken Knie gründlich auszukurieren. „Aktuell bin ich im Training beim Steinstoßen angekommen", berichtete er am Rande der Titelkämpfe.

In Abwesenheit ...

... von Weltmeisterin Christina Schwanitz sicherte sich Lena Urbaniak den Titel mit der Kugel. Und das mit neuer Bestleistung: 18,35 Meter

Olympische Spiele | Europameisterschaften | Deutsche Meisterschaften

Ergebnisse auf einen Blick

Männer

100 Meter (0,2) | 14.8.2016			
1.	Usain Bolt	JAM	9,81
2.	Justin Gatlin	USA	9,89
3.	Andre De Grasse	CAN	9,91
4.	Yohan Blake	JAM	9,93
5.	Akani Simbine	RSA	9,94
6.	Ben Youssef Meité	CIV	9,96
7.	Jimmy Vicaut	FRA	10,04
8.	Trayvon Bromell	USA	10,06
VL: 40.	Lucas Jakubczyk	GER	10,29
VL: 45.	Julian Reus	GER	10,34

200 Meter (-0,5) | 18.8.2016			
1.	Usain Bolt	JAM	19,78
2.	Andre De Grasse	CAN	20,02
3.	Christophe Lemaitre	FRA	20,12
4.	Adam Gemili	GBR	20,12
5.	Churandy Martina	NED	20,13
6.	LaShawn Merritt	USA	20,19
7.	Alonso Edward	PAN	20,23
8.	Ramil Guliyev	TUR	20,43
VL: 24.	Julian Reus	GER	20,39
VL: 45.	Robin Erewa	GER	20,61
VL: 61.	Aleixo-Platini Menga	GER	20,80

4x100 Meter | 19.8.2016		
1.	Jamaika (Powell, Blake, Ashmeade, Bolt)	37,27
2	Japan (Yamagata, Iizuka, Kiryu, Cambridge)	37,60
3	Kanada (Haynes, Brown, Rodney, De Grasse)	37,64
4	China	37,90
5	Großbritannien	37,98
6	Brasilien	38,41
	USA	dq
	Trinidad & Tobago	dq
VL: 9.	Deutschland (Reus, Knipphals, Hering, Jakubczyk)	38,26

400 Meter | 14.8.2016			
1.	Wayde van Niekerk	RSA	43,03/ Weltrekord
2.	Kirani James	GRN	43,76
3.	LaShawn Merritt	USA	43,85
4.	Machel Cedenio	TTO	44,01
5.	Karabo Sibanda	BOT	44,25
6.	Ali Khamis Abbas	BRN	44,36
7.	Bralon Taplin	GRN	44,45
8.	Matthew Hudson-Smith	GBR	44,61

4x400 Meter | 20.8.2016		
1.	USA (Hall, McQuay, Roberts, Merritt)	2:57,30
2.	Jamaika (Matthews, Allen, Dunkley, Francis)	2:58,16
3.	Bahamas (Russell, Mathieu, Gardiner, Brown)	2:58,49
4.	Belgien	2:58,52
5.	Botswana	2:59,06
6.	Kuba	2:59,53
7.	Polen	3:00,50
8.	Brasilien	3:03,28

800 Meter | 15.8.2016			
1.	David Rudisha	KEN	1:42,15
2.	Taoufik Makhloufi	ALG	1:42,61
3.	Clayton Murphy	USA	1:42,93
4.	Pierre-Ambroise Bosse	FRA	1:43,41
5.	Ferguson Cheruiyot	KEN	1:43,55
6.	Marcin Lewandowski	POL	1:44,20
7.	Alfred Kipketer	KEN	1:46,02
8.	Boris Berian	USA	1:46,15

1500 Meter | 20.8.2016			
1.	Matthew Centrowitz	USA	3:50,00
2.	Taoufik Makhloufi	ALG	3:50,11
3.	Nick Willis	NZL	3:50,24
4.	Ayanleh Souleiman	DJI	3:50,29
5.	Abdelaati Iguider	MAR	3:50,58
6.	Asbel Kiprop	KEN	3:50,87
7.	David Bustos	ESP	3:51,06
8.	Ben Blankenship	USA	3:51,09
HF: 15.	Homiyu Tesfaye	GER	3:40,76

5000 Meter | 20.8.2016			
1.	Mo Farah	GBR	13:03,30
2.	Paul Chelimo	USA	13:03,90
3.	Hagos Gebrhiwet	ETH	13:04,35
4.	Mohammed Ahmed	CAN	13:05,94
5.	Bernard Lagat	USA	13:06,78
6.	Andrew Butchart	GBR	13:08,61
7.	Albert Rop	BRN	13:08,79
8.	Joshua Cheptegei	UGA	13:09,17
VL: 21.	Florian Orth	GER	13:28,88
VL: 38.	Richard Ringer	GER	14:05,01

Die schnellste Stadionrunde aller Zeiten

Er konnte es irgendwie selbst nicht fassen. Etwas schüchtern posierte 400-Meter-Olympiasieger Wayde van Niekerk vor dem neuen Weltrekord. Vor seinem neuen Weltrekord wohlgemerkt! Auf der ungünstigen Außenbahn lief der Südafrikaner in Rio 43,03 Sekunden und war damit 15 Hundertstel schneller als Michael Johnson 1999 in Sevilla. Die Lauf-Legende prophezeite nach dem Rennen: „Wayde kann der neue Usain Bolt werden!“

10.000 Meter | 13.8.2016			
1.	Mo Farah	GBR	27:05,17
2.	Paul Tanui	KEN	27:05,64
3.	Tamirat Tola	ETH	27:06,26
4.	Yigrem Demelash	ETH	27:06,27
5.	Galen Rupp	USA	27:08,92
6.	Joshua Cheptegei	UGA	27:10,06
7.	Bedan Muchiri	KEN	27:22,93
8.	Zersenay Tadese	ERI	27:23,86

Marathon | 21.8.2016			
1.	Eliud Kipchoge	KEN	2:08:44
2.	Feyisa Lelisa	ETH	2:09:54
3.	Galen Rupp	USA	2:10:05
4.	Ghirmay Ghebreslassie	ERI	2:11:04
5.	Alphonce Felix Simbu	TAN	2:11:15
6.	Jared Ward	USA	2:11:30
7.	Tadesse Abraham	SUI	2:11:42
8.	Munyo Solomon Mutai	UGA	2:11:49
55.	Philipp Pflieger	GER	2:18:56
71.	Julian Flügel	GER	2:20:47

110 Meter Hürden (0,2) | 16.8.2016			
1.	Omar McLeod	JAM	13,05
2.	Orlando Ortega	ESP	13,17
3.	Dimitri Bascou	FRA	13,24
4.	P. Martinot-Lagarde	FRA	13,29
5.	Devon Allen	USA	13,31
6.	Johnathan Cabral	CAN	13,40
7.	Milan Trajkovic	CYP	13,41
	Ronnie Ash	USA	dq
HF: 9.	Gregor Traber	USA	13,43
VL: 33.	Matthias Bühler	GER	13,90
VL: 34.	Alexander John	GER	14,13

400 Meter Hürden | 18.8.2016			
1.	Kerron Clement	USA	47,73
2.	Boniface Tumuti	KEN	47,78
3.	Yasmani Escobar	TUR	47,92
4.	Thomas Barr	IRL	47,97
5.	Annsert Whyte	JAM	48,07
6.	Rasmus Mägi	EST	48,40
7.	Haron Koech	KEN	49,09
	Javier Culson	PUR	dq

3000 Meter Hindernis | 17.8.2016			
1.	Conseslus Kipruto	KEN	8:03,28
2.	Evan Jager	USA	8:04,28
3.	M. Mekhissi-Benabbad	FRA	8:11,52
4.	Soufiane El Bakkali	MAR	8:14,35
5.	Yoann Kowal	FRA	8:16,75
6.	Brimin Kipruto	KEN	8:18,79
7.	Amor Benyahia	TUN	8:21,67
8.	Hillary Bor	USA	8:22,74

„Eingesprungener" Kipruto auf dem Weg zu Gold

In wilder Manier überflog Conseslus Kipruto die Hindernisse in Rio. Trotz der eigenwilligen Technik war der 21-Jährige auf der Hausstrecke der Kenianer nicht zu stoppen. In 8:03,28 Minuten war Kipruto schneller als alle Läufer über 3000 Meter Hindernis vor ihm in der olympischen Geschichte. Gleichzeitig war es der achte Olympiasieg in Folge über diese Strecke für Kenia seit den Spielen 1984 in Los Angeles

Hochsprung | 16.8.2016

1.	Derek Drouin	CAN	2,38
2.	Mutaz Essa Barshim	QAT	2,36
3.	Bogdan Bondarenko	UKR	2,33
4.	Robbie Grabarz	GBR	2,33
4.	Andrii Protsenko	UKR	2,33
6.	Erik Kynard	USA	2,33
7.	Kyriakos Ioannou	CYP	2,29
7.	Donald Thomas	BAH	2,29
7.	Majed El Dein Ghazal	SYR	2,29
Q: 24.	Eike Onnen	GER	2,26
Q: 28.	Mateusz Przybylko	GER	2,22

Stabhochsprung | 15.8.2016

1.	Thiago Braz	BRA	6,03
2.	Renaud Lavillenie	FRA	5,98
3.	Sam Kendricks	USA	5,85
4.	Jan Kudlička	CZE	5,75
4.	Piotr Lisek	POL	5,75
6.	Xue Changrui	CHN	5,65
7.	Daichi Sawano	JPN	5,50
7.	Konstadínos Filippídis	GRE	5,50
7.	Michal Balner	CZE	5,50
Q: 25.	Tobias Scherbarth	GER	5,45
Q: 26.	Raphael Holzdeppe	GER	5,45
Q: 28.	Karsten Dilla	GER	5,30

Weitsprung | 13.8.2016

1.	Jeffrey Henderson	USA	8,38
2.	Luvo Manyonga	RSA	8,37
3.	Greg Rutherford	GBR	8,29
4.	Jarrion Lawson	USA	8,25
5.	Wang Jianan	CHN	8,17
6.	Emiliano Lasa	URU	8,10
7.	Henry Frayne	AUS	8,06
8.	Kafétien Gomis	FRA	8,05
Q: 18.	Fabian Heinle	GER	7,79
Q: 30.	Alyn Camara	GER	5,16

Dreisprung | 16.8.2016

1.	Christian Taylor	USA	17,86
2.	Will Claye	USA	17,76
3.	Dong Bin	CHN	17,58
4.	Cao Shuo	CHN	17,13
5.	Jhon Murillo	COL	17,09
6.	Nelson Évora	POR	17,03
7.	Troy Doris	GUY	16,90
8.	Lázaro Martínez	CUB	16,68
Q: 15.	Max Heß	GER	16,56

Kugelstoß | 18.8.2016

1.	Ryan Crouser	USA	22,52
2.	Joe Kovacs	USA	21,78
3.	Tom Walsh	NZL	21,36
4.	Frank Elemba	CGO	21,20
5.	Darlan Romani	BRA	21,02
6.	Tomasz Majewski	POL	20,72
7.	David Storl	GER	20,64
8.	O'Dayne Richards	JAM	20,64
Q: 22.	Tobias Dahm	GER	19,62

Diskuswurf | 13.8.2016

1.	Christoph Harting	GER	68,37
2.	Piotr Małachowski	POL	67,55
3.	Daniel Jasinski	GER	67,05
4.	Martin Kupper	EST	66,58
5.	Gerd Kanter	EST	65,10
6.	Lukas Weißhaidinger	AUT	64,95
7.	Zoltán Kővágó	HUN	64,50
8	Apostolos Parellis	CYP	63,72
Q: 15.	Robert Harting	GER	62,21

Hammerwurf | 19.8.2016

1.	Dilshod Nazarov	TJK	78,68
2.	Ivan Tichon	BLR	77,79
3.	Wojciech Nowicki	POL	77,73
4.	Diego Del Real	MEX	76,05
5.	Marcel Lomnický	SVK	75,97
6.	Ashraf Amjad Al-Saifi	QAT	75,46
7.	Krisztián Pars	HUN	75,28
8.	David Söderberg	FIN	74,61

Speerwurf | 20.8.2016

1.	Thomas Röhler	GER	90,30
2.	Julius Yego	KEN	88,24
3.	Keshorn Walcott	TTO	85,38
4.	Johannes Vetter	GER	85,32
5.	Dmytro Kosynskyy	UKR	83,95
6.	Antti Ruuskanen	FIN	83,05
7.	Vítězslav Veselý	CZE	82,51
8.	Jakub Vadlejch	CZE	82,42
9.	Julian Weber	GER	81,36

Zehnkampf | 17./18.8.2016

1.	Ashton Eaton	USA	8893
	(10,46; 7,94; 14,73; 2,01; 4607/ 13,80/0.7 45.49 5.20 59.77 4:23,33)		
2.	Kevin Mayer	FRA	8834
	(10,81; 7,60; 15,76; 2,04; 48,28/ 14,02; 46,78; 5,40; 65,04; 4:25,49)		
3.	Damian Warner	CAN	8666
	(10,30; 7,67; 13,66; 2,04; 47,35/ 13,58; 44,93; 4,70; 63,19; 4:24,90)		
4.	Kai Kazmirek	GER	8580
	10,78; 7,69; 14,20; 2,10; 46,75/ 14,62, 43,25; 5,00; 64,60; 4:31,25)		
5.	Larbi Bouraada	ALG	8521
6.	Leonel Suárez	CUB	8460
7.	Zach Ziemek	USA	8392
8.	Thomas v.d. Plaetsen	BEL	8332
15.	Arthur Abele	GER	8013
	(10,87; 6,97; 15,03; 1,98; 49,02/ 14,12; 44,66; 4,50; 64,13; 4:53,07)		
	Rico Freimuth	GER	aufg.

20 Kilometer Gehen | 12.8.2016

1.	Wang Zhen	CHN	1:19:14
2.	Cai Zelin	CHN	1:19:26
3.	Dane Bird-Smith	AUS	1:19:37
4.	Caio Bonfim	BRA	1:19:42
5.	Christopher Linke	GER	1:20:00
6.	Tom Bosworth	GBR	1:20:13
7.	Daisuke Matsunaga	JPN	1:20:22
8.	Matteo Giupponi	ITA	1:20:27
18.	Hagen Pohle	GER	1:21:44
38.	Nils Brembach	GER	1:23:46

50 Kilometer Gehen | 19.8.2016

1.	Matej Tóth	SVK	3:40:58
2.	Jared Tallent	AUS	3:41:16
3.	Hirooki Arai	JPN	3:41:24
4.	Evan Dunfee	CAN	3:41:38
5.	Yu Wei	CHN	3:43:00
6.	Robert Heffernan	IRL	3:43:55
7.	Håvard Haukenes	NOR	3:46:33
8.	Yohann Diniz	FRA	3:46:43
	Carl Dohmann	GER	dnf
	Hagen Pohle	GER	dnf

Frauen

100 Meter (0,5) | 13.8.2016			
1.	Elaine Thompson	JAM	10,71
2.	Tori Bowie	USA	10,83
3.	Shelly-A. Fraser-Pryce	JAM	10,86
4.	Marie Josée Ta Lou	CIV	10,86
5.	Dafne Schippers	NED	10,90
6.	Michelle-Lee Ahye	TTO	10,92
7.	English Gardner	USA	10,94
8.	Christania Williams	JAM	11,80
HF: 21.	Tatjana Pinto	GER	11,32
VL: 32	Rebekka Haase	GER	11,47

200 Meter (-0,1) | 17.8.2016			
1.	Elaine Thompson	JAM	21,78
2.	Dafne Schippers	NED	21,88
3.	Tori Bowie	USA	22,15
4.	Marie Josée Ta Lou	CIV	22,21
5.	Dina Asher-Smith	GBR	22,31
6.	Michelle-Lee Ahye	TTO	22,34
7.	Deajah Stevens	USA	22,65
8.	Ivet Lalova-Collio	BUL	22,69
HF: 14.	Gina Lückenkemper	GER	22,73
HF: 19.	Lisa Mayer	GER	22,90
VL: 31.	Nadine Gonska	GER	23,03

4x100 Meter | 19.8.2016		
1.	USA (Bartoletta, Felix, Gardner, Bowie)	41,01
2.	Jamaika (Williams, Thompson, Campbell-Brown, Fraser-Pryce)	41,36
3.	Großbritannien (Philip, Henry, Asher-Smith, Neita)	41,77
4.	Deutschland (Pinto, Mayer, Lückenkemper, Haase)	42,10
5.	Trinidad & Tobago	42,12
6.	Ukraine	42,36
7.	Kanada	43,15
8.	Nigeria	43,21

400 Meter | 15.8.2016			
1.	Shaunae Miller	BAH	49,44
2.	Allyson Felix	USA	49,51
3.	Shericka Jackson	JAM	49,85
4.	Natasha Hastings	USA	50,34
5.	Phyllis Francis	USA	50,41
6.	Stephenie McPherson	JAM	50,97
7.	Olha Zemlyak	UKR	51,24
8.	Libania Grenot	ITA	51,25
HF: 16.	Ruth Sophia Spelmeyer	GER	51,61

Erstes Olympiafinale, erster Weltrekord

Die Leichtathleten legten in Rio los wie die Feuerwehr. Gleich im ersten Finale gab's einen neuen Weltrekord. Almaz Ayana (Äthiopien) steigerte die 23 Jahre alte Bestmarke der Chinesin Wang Junxia um fast 14 Sekunden auf 29:17,45 Minuten

4x 400 Meter | 20.8.2016		
1.	USA (Okolo, Hastings, Francis, Felix)	3:19,06
2.	Jamaika (McPherson, McLaughlin-Whilby, Jackson, Williams-Mills)	3:20,34
3.	Großbritannien (Doyle, Onuora, Diamond, Ohuruogu)	3:25,88
4.	Kanada	3:26,43
5.	Ukraine	3:26,64
6.	Italien	3:27,05
7	Polen	3:27,28
8	Australien	3:27,45
VL: 9.	Deutschland (Müller, Möhlenkamp, Hofmann, Spelmeyer)	3:26,02

800 Meter | 20.8.2016			
1.	Caster Semenya	RSA	1:55,28
2.	Francine Niyonsaba	BDI	1:56,49
3.	Margaret Wambui	KEN	1:56,89
4.	Melissa Bishop	CAN	1:57,02
5.	Joanna Jóźwik	POL	1:57,37
6.	Lynsey Sharp	GBR	1:57,69
7.	Marina Arsamasowa	BLR	1:59,10
8.	Kate Grace	USA	1:59,57
VL: 33.	Christina Hering	GER	2:01,04
VL: 55.	Fabienne Kohlmann	GER	2:05,36

1500 Meter | 16.8.2016			
1.	Faith Kipyegon	KEN	4:08,92
2.	Genzebe Dibaba	ETH	4:10,27
3.	Jenny Simpson	USA	4:10,53
4.	Shannon Rowbury	USA	4:11,05
5.	Sifan Hassan	NED	4:11,23
6.	Meraf Bahta	SWE	4:12,59
7.	Laura Muir	GBR	4:12,88
8.	Dawit Seyaum	ETH	4:13,14
HF: 16.	Konst. Klosterhalfen	GER	4:07,26
HF: 20.	Diana Sujew	GER	4:10,15

5000 Meter | 19.8.2016			
1	Vivian Cheruiyot	KEN	14:26,17
2	Hellen Obiri	KEN	14:29,77
3	Almaz Ayana	ETH	14:33,59
4	Mercy Cherono	KEN	14:42,89
5	Senbere Teferi	ETH	14:43,75
6	Yasemin Can	TUR	14:56.96
7	Kar. Bjerkeli Grøvdal	NOR	14:57,53
8	Susan Kuijken	NED	15:00,69

10.000 Meter | 12.8.2016			
1.	Almaz Ayana	ETH	29:17,45/ Weltrekord
2.	Vivian Cheruiyot	KEN	29:32,53
3.	Tirunesh Dibaba	ETH	29:42,56
4.	Alice Nawowuna	KEN	29:53,51
5.	Betsy Saina	KEN	30:07,78
6.	Molly Huddle	USA	30:13,17
7.	Yasemin Can	TUR	30:26,41
8.	Gelete Burka	ETH	30:26,66

Freudensprung

Schon so einige Male wollte Ruth Beitia ihre Karriere beenden. Die spanische Hochspringerin tat es nicht und gewann im Alter von 37 Jahren und 142 Tagen Olympia-Gold mit fehlerfreien 1,97 Metern

Marathon | 14.8.2016

1.	Jemima Sumgong	KEN	2:24:04
2.	Eunice Jepkirui Kirwa	BRN	2:24:13
3.	Mare Dibaba	ETH	2:24:30
4.	Tirfe Tsegaye	ETH	2:24:47
5.	Wolga Masuronak	BLR	2:24:48
6.	Shalane Flanagan	USA	2:25:26
7.	Desiree Linden	USA	2:26:08
8.	Rose Chelimo	BRN	2:27:36
44.	Anja Scherl	GER	2:37:23
81.	Anna Hahner	GER	2:45:32
82.	Lisa Hahner	GER	2:45:33

100 Meter Hürden (0,0) | 17.8.2016

1.	Brianna Rollins	USA	12,48
2.	Nia Ali	USA	12,59
3.	Kristi Castlin	USA	12,61
4.	Cindy Ofili	GBR	12,63
5.	Cindy Roleder	GER	12,74
6.	Pedrya Seymour	BAH	12,76
7.	Tiffany Porter	GBR	12,76
8.	Phylicia George	CAN	12,89
HF: 12.	Pamela Dutkiewicz	GER	12,92
HF: 14.	Nadine Hildebrand	GER	12,95

400 Meter Hürden | 18.8.2016

1.	Dalilah Muhammad	USA	53,13
2.	Sara Slott Petersen	DEN	53,55
3.	Ashley Spencer	USA	53,72
4.	Zuzana Hejnová	CZE	53,92
5.	Ristananna Tracey	JAM	54,15
6.	Leah Nugent	JAM	54,45
7.	Janeive Russell	JAM	54,56
8.	Eilidh Doyle	GBR	54,61
VL: 42.	Jackie Baumann	GER	59,04

3000 Meter Hindernis | 15.8.2016

1.	Ruth Chebet	BRN	8:59,75
2.	Hyvin Jepkemoi	KEN	9:07,12
3.	Emma Coburn	USA	9:07,63
4.	Beatrice Chepkoech	KEN	9:16,05
5.	Sofia Assefa	ETH	9:17,15
6.	Gesa Felicitas Krause	GER	9:18,41/ Deutscher Rekord
7	Madeline Hills	AUS	9:20,38
8.	Colleen Quigley	USA	9:21,10
VL: 27.	Sanaa Koubaa	GER	9:35,15
VL: 44.	Maya Rehberg	GER	9:51,73

Hochsprung | 20.8.2016

1.	Ruth Beitia	ESP	1,97
2.	Mirela Demireva	BUL	1,97
3.	Blanka Vlašić	CRO	1,97
4.	Chaunté Lowe	USA	1,97
5.	Alessia Trost	ITA	1,93
6.	Levern Spencer	LCA	1,93
7.	Marie-L. Jungfleisch	GER	1,93
7.	Sofie Skoog	SWE	1,93

Stabhochsprung | 19.8.2016

1.	Ekateríni Stefanídi	GRE	4,85
2.	Sandi Morris	USA	4,85
3.	Eliza McCartney	NZL	4,80
4.	Alana Boyd	AUS	4,80
5.	Holly Bradshaw	GBR	4,70
6.	Nicole Büchler	SUI	4,70
7.	Jenn Suhr	USA	4,60
7.	Yarisley Silva	CUB	4,60
9.	Martina Strutz	GER	4,60
10.	Lisa Ryzih	GER	4,50
Q: 21.	Annika Roloff	GER	4,45

Weitsprung | 17.8.2016

1.	Tianna Bartoletta	USA	7,17
2.	Brittney Reese	USA	7,15
3.	Ivana Španović	SRB	7,08
4.	Malaika Mihambo	GER	6,95
5.	Ese Brume	NGR	6,81
6.	Ksenija Balta	EST	6,79
7.	Brooke Stratton	AUS	6,74
8.	Jazmin Sawyers	GBR	6,69
10.	Sosthene Moguenara	GER	6,61
Q: 34.	Alexandra Wester	GER	5,98

Dreisprung | 14.8.2016

1.	Caterine Ibargüen	COL	15,17
2.	Yulimar Rojas	VEN	14,98
3.	Olga Rypakova	KAZ	14,74
4.	Keturah Orji	USA	14,71
5.	Hanna Minenko	ISR	14,68
6.	Patrícia Mamona	POR	14,65
7.	Kimberly Williams	JAM	14,53
8.	Paraskeví Papahrístou	GRE	14,26
11.	Kristin Gierisch	GER	13,96
Q: 13.	Jenny Elbe	GER	14,02

Kugelstoß | 12.8.2016

1.	Michelle Carter	USA	20,63
2.	Valerie Adams	NZL	20,42
3.	Anita Márton	HUN	19,87
4.	Gong Lijiao	CHN	19,39
5.	Raven Saunders	USA	19,35
6.	Christina Schwanitz	GER	19,03
7.	Cleopatra Borel	TTO	18,37
8.	Aliona Dubitskaja	BLR	18,23
Q: 20.	Sara Gambetta	GER	17,24
Q. 30.	Lena Urbaniak	GER	16,62

Diskuswurf | 16.8.2016

1.	Sandra Perković	CRO	69,21
2.	Mélina Robert-Michon	FRA	66,73
3.	Denia Caballero	CUB	65,34
4.	Dani Samuels	AUS	64,90
5.	Su Xinyue	CHN	64,37
6.	Nadine Müller	GER	63,13
7.	Chen Yang	CHN	63,11
8.	Feng Bin	CHN	63,06
9.	Julia Fischer	GER	62,67
11	Shanice Craft	GER	59,85

Hammerwurf | 15.8.2016

1.	Anita Włodarczyk	POL	82,29/ Weltrekord
2.	Zhang Wenxiu	CHN	76,75
3.	Sophie Hitchon	GBR	74,54
4.	Betty Heidler	GER	73,71
5.	Zalina Marghieva	MDA	73,50
6.	Amber Campbell	USA	72,74
7.	Hanna Malischik	BLR	71,90
8.	DeAnna Price	USA	70,95
Q: 18.	Kathrin Klaas	GER	67,92
Q: 29.	Charlene Woitha	GER	62,50

Speerwurf | 18.8.2016

1.	Sara Kolak	CRO	66,18
2.	Sunette Viljoen	RSA	64,92
3.	Barbora Špotáková	CZE	64,80
4.	Maria Andrejczyk	POL	64,78
5.	Tatjana Khaladowitsch	BLR	64,60
6.	Kathryn Mitchell	AUS	64,36
7.	Lu Huihui	CHN	64,04
8.	Christina Obergföll	GER	62,92
11.	Linda Stahl	GER	59,71
12.	Christin Hussong	GER	57,70

Siebenkampf | 12./13.8.2016

1	Nafissatou Thiam (13,56; 1,98; 14,91; 25,10/ 6,58; 53,13; 2:16,54)	BEL	6810
2.	Jessica Ennis-Hill (12,84; 1,89; 13,86; 23,49/ 6,34; 46,06; 2:09,07)	GBR	6775
3.	Brianne Theisen-Eaton (13,18; 1,86; 13,45; 24,18/ 6,48; 47,36; 2:09,50)	CAN	6653
4.	L. Ikauniece-Admidiņa	LAT	6617
5.	Carolin Schäfer (13,12; 1,83; 14,57; 23,99/ 6,20; 47;99; 2:16,52)	GER	6540
6.	K. Johnson-Thompson	GBR	6523
7.	Yorgelis Rodríguez	CUB	6481
8	G. Zsivoczky-Farkas	HUN	6442
9.	Jennifer Oeser (13,69; 1,86; 14,28; 24,99/ 6,19; 47,22; 2:13,82)	GER	6401
14.	Claudia Rath (13,63; 1,74; 12,83; 24,48/ 6,55; 39,39; 2:07,22)	GER	6270

20 Kilometer Gehen | 19.8.2016

1.	Liu Hong	CHN	1:28:35
2.	Maria G. González	MEX	1:28:37
3.	Lu Xiuzhi	CHN	1:28:42
4.	Antonella Palmisano	ITA	1:29:03
5.	Qieyang Shenjie	CHN	1:29:04
6.	Ana Cabecinha	POR	1:29:23
7.	Erica de Sena	BRA	1:29:29
8.	Beatriz Pascual	ESP	1:30:24

Abgehoben

Da hielt es Anita Wlodarczyk nicht mehr auf dem Boden. Auf 82,29 Meter beförderte die Polin den vier Kilo schweren Hammer in Rio. Ihren eigenen Weltrekord steigerte die 31-Jährige um 1,21 Meter. Sie ist und bleibt damit die einzige Hammerwerferin, die bisher die 80-Meter-Marke übertroffen hat. In Rio hatte Anita Wlodarczyk mehr als fünf Meter Vorsprung auf die zweitplatzierte Chinesin Zhang Wenxiu. Betty Heidler wurde bei ihrem letzten großen Wettkampf Vierte

Wimpernschlag fehlt zum Finale

Im EM-Halbfinale war Lucas Jakubczyk in Bestform. Der Sprinter vom SCC Berlin verpasste mit 10,16 Sekunden den 100-Meter-Endlauf als Neunter nur um drei Hundertstel. Als Trost gab's in Amsterdam die Olympia-Qualifikation für Rio

Männer

100 Meter (0,5) | 7.7.2016			
1.	Churandy Martina	NED	10,07
2.	Jak Ali Harvey	TUR	10,07
3.	Jimmy Vicaut	FRA	10,08
4.	Bruno Hortelano	ESP	10,12
5.	James Ellington	GBR	10,19
6.	Ramil Guliyev	TUR	10,23
7.	Solomon Bockarie	NED	10,25
	Richard Kilty	GBR	dq
HF: 9.	Lucas Jakubczyk	GER	10,16
HF: 12.	Julian Reus	GER	10,23

200 Meter (-0,9) | 8.7.2016			
1.	Bruno Hortelano	ESP	20,45
2.	Ramil Guliyev	TUR	20,51
3.	Danny Talbot	GBR	20,56
4.	Solomon Bockarie	NED	20,56
5.	Nath. Mitchell-Blake	GBR	20,60
6.	Davide Manenti	ITA	20,66
7.	Alex Wilson	SUI	20,70
	Churandy Martina	NED	dq
HF: 13.	Julian Reus	GER	20,83
HF: 18.	Robin Erewa	GER	20,98
HF: 19.	Aleixo Platini Menga	GER	21,06

4x100 Meter | 10.7.2016		
1.	Großbritannien	38,17
	(Dasaolu, Gemili, Ellington, Ujah)	
2.	Frankreich	38,38
	(Rene, Dutamby, Zeze, Vicaut)	
3.	Deutschland	38,47
	(Reus, Knipphals, Schmidt, Jakubczyk)	
4.	Niederlande	38,57
5.	Italien	38,69
6.	Polen	38,69
7.	Schweiz	39,11
8.	Ukraine	39,46

400 Meter | 8.7.2016			
1.	Martyn Rooney	GBR	45,29
2.	Pavel Maslak	CZE	45,36
3	Liemarvin Bonevacia	NED	45,41
4.	Kevin Borlée	BEL	45,60
5.	Luka Janezic	SLO	45,65
6.	Rafal Omelko	POL	45,67
7.	Mame-Ibra Anne	FRA	45,75
8.	Matteo Galvan	ITA	45,80
HF: 15.	Johannes Trefz	GER	46,07
HF: 22.	Alexander Gladitz	GER	46,57

Erfolgreiche Premiere

Benedikt Huber ist der Aufsteiger des Jahres über 800 Meter aus deutscher Sicht. Der Regensburger wurde Deutscher Meister und schnupperte in Amsterdam am EM-Finale. Als Zehnter der Halbfinals (Foto rechts) verpasste der unbekümmerte Frontrunner den Endlauf nur ganz knapp

4x400 Meter | 10.7.2016		
1.	Belgien	3:01,10
	(Watrin, J.Borlée, D.Borlée, K.Borlée)	
2.	Polen	3:01,18
	(Krawczuk, Kozlowski, Krzewina, Omelko)	
3.	Großbritannien	3:01,44
	(Yousif, Williams, Green, Hudson-Smith)	
4.	Tschechien	3:03,86
5.	Irland	3:04,32
6.	Ukraine	3:04,45
7.	Niederlande	3:04,52
8.	Deutschland	3:05,67
	(Trefz, Schneider, Gaba, Schmidt)	

800 Meter | 10.7.2016			
1.	Adam Kszczot	POL	1:45,18
2.	Marcin Lewandowski	POL	1:45,54
3.	Elliot Giles	GBR	1:45,54
4.	Amel Tuka	BIH	1:45,74
5.	Pierre-Ambroise Bosse	FRA	1:45,79
6.	Thijmen Kupers	NED	1:46,67
7.	Alvaro de Arriba	ESP	1:47,58
8.	Giordano Benedetti	ITA	1:46,64
HF: 10.	Benedikt Huber	GER	1:47,56
HF: 15.	Sören Ludolph	GER	1:51,69

1500 Meter | 9.7.2016			
1.	Filip Ingebrigtsen	NOR	3:46,65
2.	David Bustos	ESP	3:46,90
3.	Henrik Ingebrigtsen	NOR	3:47,18
4.	Richard Douma	NED	3:47,32
5.	Florian Carvalho	FRA	3:47,32
6.	Lee Emanuel	GBR	3:47,57
7.	Jake Wightman	GBR	3:47,68
8.	Filip Sasinek	CZE	3:47,76
10.	Homiyu Tesfaye	GER	3:47,93
VL: 15.	Timo Benitz	GER	3:42,40

DKB
GERMANY
SPAR
HUBER
I RUN CLEAN
AMSTERDAM 201

5000 Meter | 10.7.2016			
1.	Ilias Fifa	ESP	13:40,85
2.	Adel Mechaal	ESP	13:40,85
3.	Richard Ringer	GER	13:40,85
4.	Henrik Ingebrigtsen	NOR	13:40,86
5.	Mourad Amdouni	FRA	13:40,94
6.	Hayle Ibrahimow	AZE	13:42,20
7.	Florian Orth	GER	13:45,40
8.	Yemaneberhan Crippa	ITA	13:46,30
10.	Martin Sperlich	GER	13:48,81

10.000 Meter | 8.7.2016			
1.	Polat Kemboi Arikan	TUR	28:18,52
2.	Ali Kaya	TUR	28:41,42
3.	Antonio Abadia	ESP	28:26,07
4.	Dimitro Lashyn	UKR	28:27,90
5.	Dewi Griffiths	GBR	28:28,55
6.	Juan Pérez	ESP	28:37,42
7.	Daniel Mateo	ESP	28:43,03
8.	Soufiane Bouchikhi	BEL	29:03,74

Halbmarathon | 10.7.2016			
1.	Tadesse Abraham	SUI	1:02:03
2.	Kaan Kigen Özbilen	TUR	1:02:27
3.	Daniele Meucci	ITA	1:02:38
4.	Marcin Chabowski	POL	1:02:54
5.	Abdi Hakin Ulad	DEN	1:03:22
6.	Abdi Naggeeye	NED	1:03:43
7.	Hassan Chadi	FRA	1:03:43
8.	Carles Castillejo	ESP	1:03:52
24.	Julian Flügel	GER	1:05:18
33.	Philipp Pflieger	GER	1:06:01
51.	Jens Nerkamp	GER	1:07:22
	Arne Gabius	GER	aufg.
	Hendrik Pfeiffer	GER	aufg.

Halbmarathon Mannschaft | 10.7.2016		
1.	Schweiz (Abraham, Lyon, Lehmann)	3:12:04
2.	Spanien (Castillejo, Espana, Lamdassem)	3:12:06
3.	Italien (Meucci, la Rosa, Pertile)	3:12:41
4.	Türkei	3:14:34
5.	Schweden	3:14:55
6.	Niederlande	3:15:36
7.	Irland	3:17:18
8.	Ukraine	3:17:49
10.	Deutschland (Flügel, Pflieger, Nerkamp)	3:18:41

110 Meter Hürden (0,0) | 9.7.2016			
1.	Dimitri Bascou	FRA	13,25
2.	Balazs Baji	HUN	13,28
3.	Wilhem Belocian	FRA	13,33
4.	Damian Czykier	POL	13,40
5.	Milan Trajkovic	CYP	13,44
6.	Aurel Manga	FRA	13,47
7.	Yidiel Contreras	ESP	13,54
	Andy Pozzi	GBR	n. a.
HF: 16.	Alexander John	GER	13,60
HF: 17.	Matthias Bühler	GER	13,65
HF: 18.	Gregor Traber	GER	13,66

400 Meter Hürden | 8.7.2016			
1.	Yasmani C. Escobar	TUR	48,98
2.	Dergio Fernandez	ESP	49,06
3.	Kariem Hussein	SUI	49,10
4.	Oskari Mörö	FIN	49,24
5.	Rhys Williams	GBR	49,63
6.	Karsten Warholm	NOR	49,82
7.	Martin Kucera	SVK	49,82
	Jack Green	GBR	aufg.
HF: 10.	Tobias Giehl	GER	49,50
VL: 13.	Felix Franz	GER	51,21

3000 Meter Hindernis | 8.7.2016			
1.	M. Mekhissi-Benabbad	FRA	8:25,63
2.	Aras Kaya	TUR	8:29,91
3.	Yoann Kowal	FRA	8:30,79
4.	Sebastián Martos	ESP	8:31,93
5.	Jamel Chatbi	ITA	8:32,43
6.	Rob Mullett	GBR	8:33,29
7.	Kaur Kivistik	EST	8:33,75
8.	Abdoullah Bamoussa	ITA	8:35,35

Hochsprung | 10.7.2016			
1.	Gianmarco Tamberi	ITA	2,32
2.	Robbie Grabarz	GBR	2,29
3.	Eike Onnen	GER	2,29
3.	Chris Baker	GBR	2,29
5.	Tihomir Iwanow	BUL	2,24
6.	Konstadinos Baniotis	GRE	2,24
7.	Jaroslav Baba	CZE	2,24
7.	Dimit. Hondrokoukis	CYP	2,24

Tadesse Abraham jubelt bei erster Halbmarathon-EM über Doppel-Gold

Seit 1934 werden Leichtathletik-Europameisterschaften ausgetragen. 82 Jahre später wurden in Amsterdam erstmals Medaillen im Halbmarathon vergeben. Über das Premieren-Gold jubelte der Schweizer Tadesse Abraham, der standesgemäß mit der Flagge der Eidgenossen nach 1:02:03 Stunden ins Ziel lief. Auch im Team waren die Schweizer vorn

Stabhochsprung | 8.7.2016			
1.	Robert Sobera	POL	5,60
2.	Jan Kudlicka	CZE	5,60
3.	Robert Renner	SLO	5,50
4.	Ben Broeders	BEL	5,50
4.	Piotr Liek	POL	5,50
6.	Mareks Arents	LAT	5,50
7.	Karsten Dilla	GER	5,30
7.	Konstadinos Filippidis	GRE	5,30
7.	Ivan Horvath	HUN	5,30
7.	Pawel Wojciechowski	POL	5,30
Q: 19.	Tobias Scherbarth	GER	5,35

Weitsprung | 7.7.2016			
1.	Greg Rutherford	GBR	8,25
2.	Michel Tornéus	SWE	8,21w
3.	Ignisious Gaisah	NED	7,93
4.	Radek Juska	CZE	7,93w
5.	Kristian Bäck	FIN	7,91w
6.	Fabian Heinle	GER	7,87
7.	Kafétien Gomis	FRA	7,84
8.	Kanst. Baryscheuski	BLR	7,75
Q: 18.	Alyn Camara	GER	7,66

Dreisprung | 9.7.2016			
1.	Max Heß	GER	17,20
2.	Karol Hoffmann	POL	17,16
3.	Julian Reid	GBR	16,76
4.	Momchil Karailiew	BUL	16,65
5.	Maxim Niastiarenka	BLR	16,63
6.	Seref Osmanoglu	TUR	16,55
7.	Georgi Tsonow	BUL	16,53
8.	Pablo Torrijos	ESP	16,34
Q: 18.	Martin Jasper	GER	16,27

Kugelstoß | 10.7.2016			
1.	David Storl	GER	21,31
2.	Michal Haratyk	POL	21,19
3.	Tsanko Arnaudov	POR	20,59
4.	Konrad Bukowiecki	POL	20,58
5.	Asmir Kolasinac	SRB	20,43
6.	Andrei Toader	ROU	20,26
7.	Tobias Dahm	GER	20,25
8.	Borja Vivas	ESP	20,16

Diskuswurf | 9.7.2016			
1.	Piotr Malachowski	POL	67,06
2.	Philip Milanov	BEL	65,71
3.	Gerd Kanter	EST	65,27
4.	Christoph Harting	GER	65,13
5.	Daniel Stahl	SWE	64,77
6.	Zoltan Kovago	HUN	64,66
7.	Martin Kupper	EST	63,55
8.	Daniel Jasinski	GER	63,35
Q: 14.	Martin Wierig	GER	63,60

Hammerwurf | 10.7.2016			
1.	Pawel Fajdek	POL	80,93
2.	Ivan Tichon	BLR	78,84
3.	Wojciech Nowicki	POL	77,53
4.	Mihail Anastasakis	GRE	75,89
5.	Marcel Lomnicky	SVK	75,84
6.	Siarhei Kalamoyets	BLR	74,65
7.	David Söderberg	FIN	74,22
8.	Sergej Marghiew	MDA	73,21

Speerwurf | 7.7.2016			
1.	Zigismunds Sirmais	LAT	86,66
2.	Vitezslav Vesely	CZE	83,59
3.	Antti Ruuskanen	FIN	82,44
4.	Risto Mätas	EST	82,03
5.	Thomas Röhler	GER	80,78
6.	Marcin Krukowski	POL	79,49
7.	Kim Amb	SWE	79,36
8.	Kacper Oleszczuk	POL	79,34
Q: 16.	Johannes Vetter	GER	79,98
Q: 20.	Lars Haman	GER	78,07

Zehnkampf | 6./7.7.2016			
1.	Thomas v.d. Plaetsen (11,23; 7,64w; 13,17; 2,10; 50,50 / 14,64; 44,32; 5,40; 57,23; 4:37,84)	BEL	8218
2.	Adam Helcelet (11,07; 7,07; 14,94; 1,95; 50,36 / 14,49; 47,12; 4,90; 67,24; 4:38,39)	CZE	8157
3.	Mihail Dudas (10,90; 7,44w; 14,24; 2,01; 49,45 / 14,55; 45,65; 4,70; 58,19; 4:30,90)	SRB	8153
4.	Alexej Kasjanow	UKR	8072
5.	Ashley Bryant	GBR	8040
6.	Romain Barras	FRA	8002
7.	Pieter Braun	NED	7945
8.	Marcus Nilsson	SWE	7942
9.	Mathias Brugger (11,16; 7,22w; 14,39; 1,98; 49,76 / 14,99; 42,79; 4,70; 57,35; 4:30,24)	GER	7886
17.	René Stauß (11,40; 7,15; 14,39; 1,98; 52,08 / 15,63; 44,33; o.g.V.; 57,66; 4:49,09)	GER	6737
19.	Tim Nowak (11,23; 7,11; 14,52; 1,95; 50,89 / aufg.; 27,68; 4,60; 60,94; 4:30,32)	GER	6646

Außenseiter-Sieg

Renaud Lavillenie war der Top-Favorit auf EM-Gold im Stabhochsprung. Doch der Franzose leistete sich einen „Salto Nullo". So jubelte Robert Sobera (Polen) über den Titel

Frauen

100 Meter (-0,2) | 8.7.2016

1.	Dafne Schippers	NED	10,90
2.	Ivet Lalova-Collio	BUL	11,20
3.	Mujinga Kambundji	SUI	11,25
4.	Asha Philip	GBR	11,27
5.	Natalja Pohrebnjak	UKR	11,28
6.	Tatjana Pinto	GER	11,33
7.	Floriane Gnafoua	FRA	11,36
	Desiree Henry	GBR	aufg.
HF: 11.	Rebekka Haase	GER	11,46

200 Meter (-0,4) | 7.7.2016

1.	Dina Asher-Smith	GBR	22,37
2.	Ivet Lalova-Collio	BUL	22,52
3.	Gina Lückenkemper	GER	22,74
4.	Jamile Samuel	NED	22,83
5.	Natalia Pohrebnjak	UKR	22,84
6.	Jodie Williams	GBR	22,96
7.	Tessa van Schagen	NED	23,03
8.	Lisa Mayer	GER	23,10
HF: 12.	Nadine Gonska	GER	23,24

4x100 Meter | 10.7.2016

1.	Niederlande	42,04
	(Samuel, Schippers, v. Schagen, Sedney)	
2.	Großbritannien	42,45
	(Philip, Asher-Smith, Williams, Neita)	
3.	Deutschland	42,48
	(Pinto, Mayer, Lückenkemper, Haase)	
4.	Ukraine	42,87
5.	Schweiz	43,00
6.	Frankreich	43,05
7.	Polen	43,24
8.	Italien	43,57

400 Meter | 8.7.2016

1.	Libania Grenot	ITA	50,73
2.	Floria Guei	FRA	51,21
3.	Anyika Onuora	GBR	51,47
4.	Christine Ohuruogu	GBR	51,55
5.	Malgorzata Holub	POL	51,89
6.	Justyna Swiety	POL	51,96
7.	Tamara Salaski	SRB	52,23
8.	Nicky van Leuveren	NED	52,76
HF: 11.	Ruth Sophia Spelmeyer	GER	52,40

Mittendrin

Maren Kock präsentierte sich stark bei der EM und lief im 1500-Meter-Finale taktisch klug. Am Ende spurtete die Regensburgerin in 4:34,54 Minuten auf Rang sechs. Zu Bronze fehlte der Mittelstrecklerin nur eine knappe dreiviertel Sekunde

4x 400 Meter | 10.7.2016

1.	Großbritannien	3:25,05
	(Diamond, Onuora, Doyle, Bundy-Davies)	
2.	Frankreich	3:25,96
	(Anacharsis, Ntiamoah, Gayot, Guei)	
3.	Italien	3:27,49
	(Chigbolu, Spacca, Bazzoni, Grenot)	
4.	Polen	3:27,60
5.	Deutschland	3:27,60
	(Müller, Möhlenkamp, Hoffmann, Spelmeyer)	
6.	Ukraine	3:27,64
7.	Niederlande	3:29,23
8.	Rumänien	3:30,63

800 Meter | 9.7.2016

1.	Natalja Pryschschepa	UKR	1:59,70
2.	Renelle Lamote	FRA	2:00,19
3.	Lovisa Lindh	SWE	2:00,37
4.	Selina Büchel	SUI	2:00,47
5.	Yusneysi Santiusti	ITA	2:00,53
6.	Joanna Jozwik	POL	2:00,57
7.	Hedda Hynne	NOR	2:00,94
8.	Anita Hinriksdottir	ISL	2:02,55
HF: 15.	Christina Hering	GER	2:02,56
VL: 25.	Fabienne Kohlmann	GER	2:05,54

1500 Meter | 10.7.2016

1.	Angelika Cichocka	POL	4:33,00
2.	Sifan Hassan	NED	4:33,76
3.	Ciara Mageean	IRL	4:33,78
4.	Ingvill Mak. Bovim	NOR	4:34,15
5.	Marta Pen	POR	4:34,41
6.	Maren Kock	GER	4:34,54
7.	Sofia Enmnaoui	POL	4:34,84
8.	Solange A. Pereira	ESP	4:34,88

5000 Meter | 9.7.2016

1.	Yasemmin Can	TUR	15:18,15
2.	Meraf Bahta	SWE	15:20,54
3.	Steph Twell	GBR	15:20,70
4.	Susan Kuijken	NED	15:23,87
5.	Laura Whittle	GBR	15:24,18
6.	Eilish McColgan	GBR	15:28,53
7.	Louise Carton	BEL	15:42,79
8.	Fate Tola Geleto	GER	15:43,30
	Maren Kock	GER	aufg.

10.000 Meter | 6.7.2016			
1.	Yasemin Can	TUR	31:12,86
2.	Dulce Felix	POR	31:19,03
3.	Karoline Grovdal	NOR	31:23,45
4.	Fionuala McCormack	IRL	31:30,74
5.	Jo Pavey	GBR	31:34,61
6.	Veronica Inglese	ITA	31:37,43
7.	Jess Andrews	GBR	31:38,02
8.	Jip Vastenburg	NED	32:04,00

Halbmarathon | 10.7.2016			
1.	Sara Moreira	POR	1:10:19
2.	Veronica Inglese	ITA	1:10:35
3.	Jessica Augusto	POR	1:10:55
4.	Rasa Drazdauskaite	LTU	1:11:47
5.	Esma Aydemir	TUR	1:11:49
6.	Ourania Rebouli	GRE	1:11:52
7.	Monica Mad. Florea	ROU	1:11:56
8.	E. Vrabcova-Nyvltova	CZE	1:12:01
17.	Anja Scherl	GER	1:13:03
51.	Isabell Teegen	GER	1:16:32
55.	Katharina Heinig	GER	1:17:15
74.	Anna Hahner	GER	1:18:41
	Franziska Reng	GER	aufg.
	Melina Tränkle	GER	aufg.

Halbmarathon Mannschaft | 10.7.2016		
1.	Portugal	3:33:53
	(Moreira, Augusto, Felix)	
2.	Italien	3:36:38
	(Inglese, Incerti, Console)	
3.	Türkei	3:39:59
	(Aydemir, Haydar, Eytemis)	
4.	Weißrussland	3:40:31
5.	Rumänien	3:40:59
6.	Schweiz	3:41:21
7.	Großbritannien	3:42:03
8.	Litauen	3:43:32
14.	Deutschland	3:46:50
	(Scherl, Teegen, Heinig)	

Landung auf Rang fünf

Wenige Tage nach der EM in Amsterdam wurde Marie-Laurence Jungfleisch in Eberstadt zur Zwei-Meter-Springerin. Bei der EM überflog die Stuttgarterin 1,93 Meter und landete auf Platz fünf

100 Meter Hürden (-0,7) | 7.7.2016			
1.	Cindy Roleder	GER	12,62
2.	Alina Talay	BLR	12,68
3.	Tiffany Porter	GBR	12,76
4.	Clélia Rard-Reuse	SUI	12,96
5.	Anne Zagré	BEL	12,97
6.	Elisávet Pesiridou	GRE	13,05
7.	Cindy Billaud	FRA	13,29
	Pamela Dutkiewicz	GER	aufg.
HF: 9.	Nadine Hildebrand	GER	12,95

400 Meter Hürden | 10.7.2016			
1.	Sara Slott Petersen	DEN	55,12
2.	Joanna Linkiewicz	POL	55,33
3.	Lea Sprunger	SUI	55,41
4.	Ayomide Folorunso	ITA	55,50
5.	Kats. Belanowitsch	BLR	56,10
6.	Amalie Hammild Iuel	NOR	56,24
7.	Stina Troest	DEN	56,34
8.	Emilia Ankiewicz	POL	57,31
VL: 17.	Jackie Baumann	GER	58,17

3000 Meter Hindernis | 10.7.2016			
1.	Gesa Felicitas Krause	GER	9:18,85
2.	Luiza Gega	ALB	9:28,52
3.	Özlem Kaya	TUR	9:35,05
4.	Maria Schatalowa	UKR	9:38,17
5.	Fabienne Schlumpf	SUI	9:40,01
6.	Nastassia Pusakowa	BLR	9:42,91
7.	Michele Finn	IRL	9:43,19
8.	Diana Martin	ESP	9:43,65
VL: 18.	Jana Sussmann	GER	9:49,04
	Maya Rehberg	GER	dq

Hochsprung | 7.7.2016			
1.	Ruth Beitia	ESP	1,98
2.	Mirela Demirewa	BUL	1,96
2.	Airine Palsyte	LTU	1,96
4.	Nafissatou Thiam	BEL	1,93
5.	Marie-L. Jungfleisch	GER	1,93
6.	Oxana Okunewa	UKR	1,89
6.	Desirée Rossit	ITA	1,89
6.	Alessia Trost	ITA	1,89

Stabhochsprung | 9.7.2016			
1.	Ekaterini Stefanidi	GRE	4,81
2.	Lisa Ryzih	GER	4,70
3.	Angelica Bengtsson	SWE	4,65
4.	Nikoléta Kiriakopoulou	GRE	4,55
5.	Michaela Meijer	SWE	4,55
6.	Femke Pluim	NED	4,45
7.	Angelica Moser	SUI	4,45
7.	Wilma Murto	FIN	4,45
10.	Martina Strutz	GER	4,45
11.	Annika Roloff	GER	4,35

Weitsprung | 8.7.2016			
1.	Ivana Spanovic	SRB	6,94
2.	Jazmin Sawyers	GBR	6,86w
3.	Malaika Mihambo	GER	6,65
4.	Ksenija Balta	EST	6,65
5.	Karin Melis Mey	TUR	6,62
6.	Khaddi Sagnia	SWE	6,59
7.	Alexandra Wester	GER	6,51
8.	Nadia Akpana Assa	NOR	6,51
9.	Nadja Käther	GER	6,48w

Dreisprung | 10.7.2016			
1.	Patricia Mamona	POR	14,58
2.	Hanna Minenko	ISR	14,51w
3.	Paraskevi Papahristou	GRE	14,47
4.	Anna Jagaciak	POL	14,40w
5.	Susana Costa	POR	14,34
6.	Olga Saladukha	UKR	14,23
7.	Jenny Elbe	GER	14,08
8.	Kristin Gierisch	GER	14,03

Kugelstoß | 7.7.2016			
1.	Christina Schwanitz	GER	20,17
2.	Anita Marton	HUN	18,72
3.	Emel Dereli	TUR	18,22
4.	Julia Leantsiuk	BLR	18,20
5.	Radosl. Mavrodiewa	BUL	18,10
6.	Aliona Dubitskaja	BLR	18,03
7.	Sara Gambetta	GER	17,95
8.	Melissa Boekelman	NED	17,92
Q: 13.	Lena Urbaniak	GER	16,83

Erste EM und gleich im Finale

Hinter Alexandra Wester liegt eine Traumsaison mit drei Starts im DLV-Trikot. Bei der EM flog die Weitspringerin vom ASV Köln im Finale auf Rang sieben

Diskuswurf | 8.7.2016			
1.	Sandra Perkovic	SRB	69,97
2.	Julia Fischer	GER	65,77
3.	Shanice Craft	GER	63,89
4.	Nadine Müller	GER	62,63
5.	Mél. Robert-Michon	FRA	62,47
6.	Natalja Semenowa	UKR	62,21
7.	Jade Lally	GBR	60,29
8.	Pauline Pousse	FRA	59,62

Hammerwurf | 8.7.2016			
1.	Anita Wlodarczyk	POL	78,14
2.	Betty Heidler	GER	75,77
3.	Hanna Skydan	AZE	73,83
4.	Sophie Hitchon	GBR	71,74
5.	Zalina Marghiewa	MDA	71,73
6.	Malwina Kopron	POL	70,91
7.	Martina Hrasnova	CZE	70,62
8.	Irina Novoshylowa	UKR	70,18
Q: 22.	Charlene Woitha	GER	64,90
Q: 25.	Kathrin Klaas	GER	64,39

Speerwurf | 9.7.2016			
1.	Tatjana Khaladowitsch	BLR	66,34
2.	Linda Stahl	GER	65,25
3.	Sara Kolak	CRO	63,50
4.	Katharina Molitor	GER	63,20
5.	Barbora Spotakova	CZE	62,66
6.	Martina Ratej	SLO	60,65
7.	Madara Palameika	LAT	60,39
8.	Asdis Hjalmsdottir	ISL	60,37
Q: 17.	Christin Hussong	GER	57,17

Siebenkampf | 8./9.7.2016			
1.	Anouk Vetter (13,29; 1,74; 15,69; 23,89 / 6,38w; 55,76; 2:21,50)	NED	6626
2.	Antoin. Nana Djimou (13,26; 1,71; 16,17; 24,92 / 6,31; 51,72; 2:19,33)	FRA	6458
3.	Ivona Dadic (13,83; 1,77; 14,10; 24,11 / 6,32; 47,92; 2:12,83)	AUT	6408
4.	Xenia Krizsan	HUN	6266
5.	G. Zsivoczky-Farkas	HUN	6144
6.	Katerina Cachova	CZE	6051
7.	Verena Preiner	AUT	6050
8.	Sofia Ifantidou	GRE	6025
10.	Anna Maiwald (13,54; 1,68; 13,73; 24,38 / 5,93; 41,87; 2:14,92)	GER	6020

Ivona Dadic und die Sportnation Österreich strahlen über famosen Siebenkampf

Es war ein Siebenkampf wie aus einem Guss. In Amsterdam sammelte Ivona Dadic 6408 Punkte, steigerte ihren eigenen österreichischen Rekord um 212 Zähler und gewann Bronze. Es war erst die neunte Medaille für die österreichischen Sportler in der 82-jährigen Geschichte der Leichtathletik-Europameisterschaften

Männer

60 Meter | 18.3.2016

1.	Trayvon Bromell	USA	6,47
2.	Asafa Powell	JAM	6,50
3.	Ramon Gittens	BAR	6,51
4.	Xie Zhenye	CHN	6,53
5.	Su Bingtian Su	CHN	6,54
6.	Mike Rodgers	USA	6,54
7.	Marvin Bracy	USA	6,56
8.	Kim Collins	SKN	6,56

400 Meter | 19.3.2016

1.	Pavel Maslak	CZE	45,44
2.	Abdalelah Haroun	QAT	45,59
3.	Deon Lendore	TTO	46,17
4.	Bralon Taplin	GRN	46,56
5	Boniface Mweresa	KEN	46,86
6.	Lalonde Gordon	TTO	47,62

4x400 Meter | 20.3.2016

1.	USA	3:02,45
	(Clemons, Smith, Giesting, Norwood)	
2.	Bahamas	3:04,75
	(Mathieu, Russell, Hart, Brown)	
3.	Trinidad und Tobago	3:05,51
	(Solomon, Gordon, Alleyne-Forte, Lendore)	
4.	Jamaika	3:06,02
5.	Nigeria	3:08,55
6.	Belgien	3:09,71

800 Meter | 19.3.2016

1.	Boris Berian	USA	1:45,83
2.	Antoine Gakeme	BDI	1:46,65
3.	Erik Sowinski	USA	1:47,22
4.	Mohammed Man	ETH	1:47,97
5.	M. Abdulrahman Balla	QAT	1:48,31
6.	Mostafa Smaili	MAR	1:52,32

1500 Meter | 20.3.2016

1.	Matthew Centrowitz	USA	3:44,22
2.	Jakub Holusa	CZE	3:44,30
3.	Nicholas Willis	NZL	3:44,37
4.	Robby Andrews	USA	3:44,77
5.	Dawit Wolde	ETH	3:44,81
6.	Aman Wote	ETH	3:44,86
7.	Vincent Kibet	KEN	3:45,17
8.	Chris O'Hare	GBR	3:46,50

3000 Meter | 20.3.2016

1.	Yomif Kejelcha	ETH	7:57,21
2.	Ryan Hill	USA	7:57,39
3.	Augustine Choge	KEN	7:57,43
4.	Abdalaati Iguider	MAR	7:58,04
5.	Caleb Ndiku	KEN	7:58,81
6.	Lee Emanuel	GBR	8:00,70
7.	Paul Chelimo	KEN	8:00,76
8.	Isaih Koech	KEN	8:01,70

60 Meter Hürden | 20.3.2016

1.	Omar McLeod	JAM	7,41
2.	P. Martinot-Lagarde	FRA	7,46
3.	Dimitri Bascou	FRA	7,48
4.	Jarret Eaton	USA	7,50
5.	Spencer Adams	USA	7,64
6.	Balazs Baji	HUN	7,65
7.	Eddie Lovett	ISV	7,75
8.	Shane Brathwaite	BAR	7,88
VL: 23.	Martin Vogel	GER	7,91

Hochsprung | 19.3.2016

1.	Gianmarco Tamberi	ITA	2,36
2.	Robert Grabarz	GBR	2,33
3.	Erik Kynard	USA	2,33
4.	Mutaz Essa Barshim	QAT	2,29
5.	Konstdinos Baniotis	GRE	2,29
6.	Zhang Guowei	CHN	2,29
7.	Andriy Protsenko	UKR	2,29
8.	Chris Baker	GBR	2,29

Stabhochsprung | 17.3.2016

1.	Renaud Lavillenie	FRA	6,02
2.	Sam Kendricks	USA	5,80
3.	Piotr Lisek	POL	5,75
4.	Jan Kudlicka	CZE	5,75
4.	Shawncy Barber	CAN	5,75
6.	Robert Sobera	POL	5,65
7.	Konstadinos Filippidis	GRE	5,65
8.	Mike Arnold	USA	5,65
10.	Carlo Paech	GER	5,55

Weitsprung | 20.3.2016

1.	Marquis Dendy	USA	8,26
2.	Fabrice Lapierre	AUS	8,25
3.	Huang Changzhou	CHN	8,21
4.	Jeff Henderson	USA	8,19
5.	Rushwal Samaai	RSA	8,18
6.	Daniel Bramble	GBR	8,14
7.	Emiliano Lasa	URU	7,94
8.	Wang Jianan	CHN	7,93

Carlo Paech im Anflug auf Platz zehn

Nach einer langen Durststrecke hatte sich Carlo Paech 2015 zurückgemeldet. In der Hallensaison wurde der Leverkusener Stabhochspringer Deutscher Meister und qualifizierte sich für die Hallen-WM. In Portland sprang Carlo Paech mit 5,55 Metern auf Platz zehn

Dreisprung | 19.3.2016			
1.	Dong Bin	CHN	17,33
2.	Max Hess	GER	17,14
3.	Benjamin Compaoré	FRA	17,09
4.	Nelson Evora	POR	16,89
5.	Omar Craddock	USA	16,87
6.	Tosin Oke	NGR	16,73
7.	Pablo Torrijos	ESP	16,67
8.	Nazim Babajew	AZE	16,43

Kugelstoß | 18.3.2016			
1.	Tom Walsh	NZL	21,78
2.	Andrei Gag	ROU	20,89
3.	Filip Mihaljevic	CRO	20,87
4.	Konrad Bukowiecki	POL	20,53
5.	Jonathan Jones	USA	20,31
6.	Germán Lauro	ARG	20,24
7.	Tim Nedow	CAN	20,23
8.	Tobias Dahm	GER	20,22

Siebenkampf | 18./19.3.2016			
1.	Ashton Eaton (6,81; 8,08; 14,16; 1,99 / 7,78; 5,10; 2:35,22)	USA	6470
2.	Aleksej Kasjanow (6,86; 7,49: 14,53; 1,99 / 7,91; 4,90; 2:39,64)	UKR	6182
3.	Mathias Brugger (7,15; 7,30; 14,47; 2,05 / 8,24; 5,10; 2:34,10)	GER	6126
4.	Curtis Beach	USA	6118
5.	Adam Seb. Helcelet	CZE	6003
6.	Kurt Felix	GRN	5986
7.	Tim Nowak (7,18; 6,92; 14,31; 1,99 / 8,21; 4,90; 2:40,57)	GER	5832
8.	Jeremy Leliévre	FRA	5769

Lautstark zum Sieg

Die USA sind das Land der Kugelstoßer. Doch der Titel mit dem 7,26 Kilo schweren Gerät ging bei der Hallen-WM in Portland nach Neuseeland. Der ehemalige Bauarbeiter Tom Walsh schickte mit einem lauten Schrei die Kugel auf 21,78 Meter. Damit lag Walsh in Portland fast einen Meter vor der Konkurrenz

Frauen

60 Meter | 19.3.2016

1.	Barbara Pierre	USA	7,02
2.	Dafne Schippers	NED	7,04
3.	Elaine Thompson	JAM	7,06
4.	Michelle-Lee Ahye	TTO	7,11
5.	Asha Philip	GBR	7,14
6.	Tori Bowie	USA	7,14
7.	Marie-Josée Ta Lou	CIV	7,29
	Dina Asher-Smith	GBR	n.a.
HF: 14.	Tatjana Pinto	GER	7,22
HF: 22.	Chantal Butzek	GER	7,45

400 Meter | 19.3.2016

1.	Oluwakemi Adekoya	BRN	51,45
2.	Ashley Spencer	USA	51,72
3.	Quanera Hayes	USA	51,76
4.	Stephenie McPherson	JAM	52,20
5.	Justyna Swiety	POL	52,46
6.	Iveta Putalova	SVK	54,39

4x 400 Meter | 20.3.2016

1.	USA (Hastings, Hayes, Okolo, Spencer)	3:26,38
2.	Polen (Ptak, Holub, Gorzkowska, Swiety)	3:31,15
3.	Rumänien (Pastor, Lavric, Miklós, Razor)	3:31,51
4.	Nigeria	3:34,03
5.	Ukraine	3:40,42
	Jamaika	aufg.

800 Meter | 20.3.2016

1.	Francine Niyonsaba	BDI	2:00,01
2.	Ajee Wilson	USA	2:00,27
3.	Margaret Wambui	KEN	2:00,44
4.	Laura Roesler	USA	2:00,80
5.	Anita Hinriksdottir	ISL	2:02,58
6.	Habitam Alemu	ETH	2:04,61
VL: 14.	Christina Hering	GER	2:05,39

1500 Meter | 19.3.2016

1.	Sifan Hassan	NED	4:04,96
2.	Dawit Seyaum	ETH	4:05,30
3.	Gudaf Tsegay	ETH	4:05,71
4.	Axumawit Embaye	ETH	4:09,37
5.	Brenda Martinez	USA	4:09,57
6.	Melissa Duncan	AUS	4:09,69
7.	Renata Plis	POL	4:10,14
8.	Viola Lagat	KEN	4:10,45

3000 Meter | 20.3.2016

1.	Genzebe Dibaba	ETH	8:47,43
2.	Meseret Defar	ETH	8:54,26
3.	Shannon Rowbury	USA	8:55,55
4.	Maureen Koster	NED	8:56,44
5.	Abbey D'Agostino	USA	8:58,40
6.	Stephanie Twell	GBR	9:00,38
7.	Betsy Saina	KEN	9:01,86
8.	Betlhem Desalegn	UAE	9:03,30

Barbara Pierre rettet zwei Hundertstel Vorsprung auf Dafne Schippers ins Ziel

Länger hätte das 60-Meter-Finale bei der Hallen-WM nicht sein dürfen. Sonst hätte Barbara Pierre (USA; Zweite von links) den Titel noch verloren. Denn Dafne Schippers (Niederlande; Zweite von rechts) kam noch stark auf. Doch mit 7,04 Sekunden fehlten der 200-Meter-Europarekordlerin zwei Hundertstel zum Titel. Bronze ging an die spätere Doppel-Olympiasiegerin Elaine Thompson (7,06 sec; nicht im Bild)

60 Meter Hürden | 18.3.2016

1.	Nia Ali	USA	7,81
2.	Brianna Rollins	USA	7,82
3.	Tiffany Porter	GBR	7,90
4.	Andrea Ivancevic	CRO	7,95
5.	Angela Whyte	CAN	7,99
6.	Alina Talay	BLR	8,00
7.	Serita Solomon	GBR	8,29
8.	Kendra Harrison	USA	8,87

Hochsprung | 20.3.2016

1.	Vashti Cunningham	USA	1,96
2.	Ruth Beitia	ESP	1,96
3.	Kamila Licwinko	POL	1,96
4.	Ariné Palsyte	LTU	1,96
5.	Sofie Skoog	SWE	1,93
5.	Levern Spencer	LCA	1,93
7.	Alessia Trost	ITA	1,93
8.	Erika Kinsey	SWE	1,93

Stabhochsprung | 17.3.2016

1.	Jennifer Suhr	USA	4,90
2.	Sandi Morris	USA	4,85
3.	Ekaterini Stefanidi	GRE	4,80
4.	Nicole Büchler	SUI	4,80
5.	Eliza McCartney	NZL	4,70
6.	Nikoleta Kyriakopoulou	GRE	4,60
6.	Fabiana Murer	BRA	4,60
8.	Romana Malacova	CZE	4,50

Weitsprung | 18.3.2016

1.	Brittney Reese	USA	7,22
2.	Ivana Spanovic	SRB	7,07
3.	Lorraine Ugen	GBR	6,93
4.	Janay DeLoach	USA	6,89
5.	Brooke Stratton	AUS	6,75
6.	Alexandra Wester	GER	6,67
7.	Ksenija Balta	EST	6,60
8.	Shara Proctor	GBR	6,57
12.	Xenia Stolz	GER	6,37

Dreisprung | 19.3.2016

1.	Yulimar Rojas	VEN	14,41
2.	Kristin Gierisch	GER	14,30
3.	Paraskevi Papahristou	GRE	14,15
4.	Keturah Orji	USA	14,14
5.	Elena Panturoiu	ROU	14,11
6.	Kristiina Mäkelä	FIN	14,07
7.	Jeanine Assani Issouf	FRA	14,07
8.	Shanieka Thomas	JAM	13,95

Kugelstoß | 19.3.2016

1.	Michelle Carter	USA	20,21
2.	Anita Márton	HUN	19,33
3.	Valerie Adams	NZL	19,25
4.	Cleopatra Borel	TTO	18,38
5.	J. Camarena-Williams	USA	18,17
6.	Radoslava Mavrodiewa	BUL	18,00
7.	Lena Urbaniak	GER	17,91
8.	Yang Gao	CHN	17,67

Fünfkampf | 18.3.2016

1.	Brianne Theisen-Eaton	CAN	4881
	(8,04 – 1,85 – 13,70 – 6,42 – 2:09,99)		
2.	Anastasia Mokhnjuk	UKR	4847
	(8,11 – 1,85 – 15,01 – 6,66 – 2:23,19)		
3.	Alina Fodorowa	UKR	4770
	(8,27 – 1,85 – 15,44 – 6,33 – 2:20,42)		
4.	Barbara Nwaba	USA	4661
5.	G. Zsivoczky-Farkas	HUN	4656
6.	Kendell Williams	USA	4586
7.	Morgan Lake	GBR	4499
8.	Katerina Cachova	CZE	4403
11.	Celina Leffler	GER	4181
	(8,49 – 1,70 – 13,17 – 5,83 – 2:24,01)		

Schweizerin im Glück

Es war der Winter der Nicole Büchler. Nicht weniger als fünfmal steigerte die Schweizerin den Hallen-Landesrekord im Stabhochsprung. Zum letzten Mal bei der Hallen-WM auf 4,80 Meter. Obwohl sie damit den undankbaren vierten Rang belegte, freute sich Büchler riesig

Männer

100 Meter (-2,3) | 18.6.2016

1.	Julian Reus	10,30
2.	Robert Hering	10,48
3.	Peter Emelieze	10,49
4.	Sven Knipphals	10,50
5.	Roy Schmidt	10,61
6.	Alexander Kosenkow	10,64
7.	Martin Keller	10,69
	Robert Polkowski	dq.

200 Meter (1,9) | 19.6.2016

1.	Robin Erewa	20,59
2.	Robert Hering	20,62
3.	Aleixo Platini Menga	20,95
4.	Steven Müller	21,01
5.	Maurice Huke	21,19
6.	Martin Brieger	21,31
7.	Michael Bryan	21,35
8.	Florian Daum	21,91

4x100 Meter | 18.6.2016

1.	TV Wattenscheid (Ruth, Erewa, Huke, Reus)	39,48
2.	TSV Bayer Leverkusen (Menzel, Blechschmidt, Köllmann, Blech)	40,08
3.	MTG Mannheim (Manke-Reimers, Domogala, Kriesame, Hochdörffer)	40,35
4.	LG Rhein/Wied	40,41
5.	VfL Sindelfingen	40,68
6.	LT DSHS Köln	40,72
7.	Wiesbadener LV	41,00
8.	LG OVAG Friedberg-Fauerbach	41,44

400 Meter | 19.6.2016

1.	Johannes Trefz	46,59
2.	Alhagie Drammeh	46,62
3.	Patrick Schneider	46,93
4.	Kamghe Gaba	47,01
5.	Jakob Krempin	47,26
6.	Marc Koch	47,37
	Constantin Schmidt	dq.
	Alexander Gladitz	n.a.

4x400 Meter | 19.6.2016

1.	LG Stadtwerke München (Wiesend, Trefz, Walter, Giehl)	3:10,84
2.	VfL Eintracht Hannover (Rehbein, Mügge, Jablonski, Juretzko)	3:10,92
3.	StG Schlüchtern/Fl./Obertsh. (A.Rösler, J.Rösler, Herbert, Schmidt)	3:13,02
4.	TSG Bergedorf	3:13,06
5.	LG Nord Berlin	3:13,61
6.	TSV Bayer Leverkusen	3:14,66
7.	VfL Sindelfingen	3:15,64
8.	LG Unterlüß/Faßberg/Oldend.	3:16,72

800 Meter | 19.6.2016

1.	Benedikt Huber	1:47,17
2.	Sören Ludolph	1:47,80
3.	Marc Reuther	1:47,82
4.	Dennis Krüger	1:47,92
5.	Patrick Zwicker	1:48,10
6.	Denis Bäuerle	1:48,34
7.	Jan Riedel	1:48,61
8.	Christian von Eitzen	1:49,27

1500 Meter | 19.6.2016

1.	Timo Benitz	3:40,28
2.	Homiyu Tesfaye	3:40,67
3.	Florian Orth	3:40,67
4.	Marius Probst	3:40,69
5.	Sebastian Keiner	3:40,95
6.	Stefan Hettich	3:42,92
7.	Patrick Oehler	3:43,83
8.	Moritz Beinlich	3:45,87

3x1000 Meter | 31.7.2016 (in Mönchengladb.)

1.	LG Telis Finanz Regensburg (Genck, Orth, Huber)	7:08,14
2.	LG Braunschweig (Kuk, Lange, Ludolph)	7:08,57
3.	LG Region Karlsruhe (Körner, Wammetsberger, Kesler)	7:08,65
4.	StG Sympathie-Sprinter Berlin	7:13,06
5.	TV Wattenscheid	7:13,41
6.	StG Alb/Schorndorf/Zell	7:19,11
7.	Hamburger SV	7:20,29
8.	LG VfL/SSG Bensheim	7:20,75

5000 Meter | 19.6.2016

1.	Richard Ringer	13:51,88
2.	Martin Sperlich	13:56,27
3.	Amanal Petros	13:58,10
4.	Mitku Seboka	14:07,03
5.	Clemens Bleistein	14:08,38
6.	Simon Stützel	14:11,33
7.	Jens Nerkamp	14:13,25
8.	Tim Ramdane Cherif	14:13,36

10.000 Meter | 7.5.2016 (in Celle)

1.	Mitku Seboka	29:23,57
2.	Amanal Petros	29:35,47
3.	Dominik Notz	29:42,04
4.	Eyob Solomun	29:49,45
5.	Solomon Eshete	29:49,97
6.	Tom Gröschel	29:59,98
7.	Jens Nerkamp	30:04,36
8.	Karsten Meier	30:11,88

110 Meter Hürden (0,3) | 18.6.2016

1.	Matthias Bühler	13,44
2.	Gregor Traber	13,47
3.	Alexander John	13,48
4.	Maximilian Bayer	13,61
5.	Erik Balnuweit	13,63
6.	Julian Marquardt	13,86
7.	David Klöckner	14,09
8.	René Mählmann	14,27

400 Meter Hürden | 19.6.2016

1.	Felix Franz	50,42
2.	Tobias Giehl	50,49
3.	Florian Handt	50,94
4.	Joshua Abuaku	51,43
5.	Christian Heimann	51,77
6.	Georg Fleischhauer	52,26
7.	Nils Weispfennig	53,06
	Jonas Hanßen	n.a.

3000 Meter Hindernis | 19.6.2016

1.	Hannes Liebach	8:45,50
2.	Patrick Karl	8:45,98
3.	Martin Grau	8:48,97
4.	Fabian Clarkson	8:49,26
5.	Nico Sonnenberg	8:49,54
6.	Konstantin Wedel	8:58,75
7.	Johannes Motschmann	9:01,75
8.	Philipp Reinhardt	9:03,44

Hochsprung | 18.6.2016

1.	Eike Onnen	2,20
2.	Alexander Klintworth	2,10
2.	Tim Schenker	2,10
4.	Falk Wendrich	2,10
5.	Martin Günther	2,10
5.	Kai Kazmirek	2,10
5.	David Nopper	2,10
8.	Tobias Potye	2,10

Der Siegesjubel des Spurt-Flohs

Timo Benitz (Mitte) hat mal wieder zugeschlagen: Im 1500-Meter-Finale in Kassel sah Homiyu Tesfaye (rechts) schon wie der sichere Sieger aus, doch dann schnappte der Läufer von der LG farbtex Nordschwarzwald ganz knapp vor dem Ziel dem Frankfurter noch den DM-Titel vor der Nase weg. Rang vier ging an Marius Probst (links), zeitgleich mit dem drittplatzierten Florian Orth (nicht im Bild)

Stabhochsprung | 19.6.2016		
1.	Tobias Scherbarth	5,70
2.	Karsten Dilla	5,65
3.	Torben Laidig	5,45
4.	Robin Pieper	5,35
5.	Hendrik Gruber	5,35
6.	Tom Konrad	5,15
7.	Florian Gaul	5,15
8.	Jonas Efferoth	5,15

Weitsprung | 19.6.2016		
1.	Alyn Camara	7,92
2.	Fabian Heinle	7,91
3.	Jan Uder	7,70
4.	Marcel Kirstges	7,68
5.	Vincent Vogel	7,50
6.	Florian Oswald	7,45
7.	Gianni Seeger	7,36
8.	Stephan Hartmann	7,34

Dreisprung | 18.6.2016		
1.	Max Heß	17,06
2.	Martin Jasper	16,55
3.	Marcel Kornhardt	16,47
4.	Raúl Spank	16,37
5.	Christoph Garritsen	16,22
6.	Benjamin Bauer	15,90
7.	Martin Seiler	15,88
8.	Felix Wenzel	15,70

Kugelstoß | 18.6.2016		
1.	David Storl	20,75
2.	Tobias Dahm	20,38
3.	Patrick Müller	18,86
4.	Dennis Lewke	18,81
5.	Christian Jagusch	18,62
6.	Bodo Göder	18,54
7.	Jan Josef Jeuschede	18,09
8.	Leonid Ekimov	17,96

Diskuswurf | 19.6.2016		
1.	Robert Harting	68,04
2.	Christoph Harting	66,41
3.	Daniel Jasinski	65,18
4.	Martin Wierig	64,51
5.	David Wrobel	63,51
6.	Markus Münch	62,34
7.	Henning Prüfer	60,89
8.	Benedikt Stienen	56,80

Hammerwurf | 19.6.2016		
1.	Alexander Ziegler	72,50
2.	Garland Porter	71,00
3.	Paul Hützen	70,56
4.	Johannes Bichler	70,43
5.	Andreas Sahner	69,93
6.	Simon Lang	69,48
7.	Alexej Mikhailov	68,03
8.	Tristan Schwandke	67,63

Speerwurf | 18.6.2016		
1.	Thomas Röhler	86,81
2.	Julian Weber	83,79
3.	Andreas Hofmann	81,98
4.	Johannes Vetter	81,39
5.	Lars Hamann	80,71
6.	Bernhard Seifert	75,13
7.	Jonas Bonewit	72,47
8.	Marian Spannowsky	72,04

10.000 m Bahngehen | 11.6.2016 (in Bühlertal)		
1.	Christopher Linke	38:40,25
2.	Carl Dohmann	40:06,44
3.	Nathaniel Seiler	41:15,57
4.	Jonathan Hilbert	42:07,22
5.	Steffen Borsch	44:32,78
6.	Marius Richter	51:51,47

Frauen

100 Meter (-2,1) | 18.6.2016

1.	Tatjana Pinto	11,22
2.	Lisa Mayer	11,34
3.	Rebekka Haase	11,45
4.	Alexandra Burghardt	11,51
5.	Yasmin Kwadwo	11,54
6.	Janina Kölsch	11,59
7.	Inna Weit	11,63
8.	Josefina Elsler	11,67

200 Meter (-0,5) | 19.6.2016

1.	Gina Lückenkemper	22,84
2.	Lisa Mayer	22,87
3.	Nadine Gonska	23,03
4.	Rebekka Haase	23,47
5.	Inna Weit	23,56
6.	Cindy Roleder	23,57
7.	Lara Matheis	23,97
8.	Anne Christina Haack	23,98

4x100 Meter | 18.6.2016

1.	MTG Mannheim (Lobe, Burghardt, Gonska, Kwadwo)	43,55
2.	TV Wattenscheid (Zapalska, Kwadwo, Dutkiewicz, Haack)	43,98
3.	LC Paderborn (Elsler, Kölsch, Pinto, Thimm)	43,99
4.	LG Olympia Dortmund	44,27
5.	LAC Quelle Fürth	45,22
6.	SV Werder Bremen	45,47
7.	TV Gladbeck	45,64
8.	SC Preußen Münster	46,06

400 Meter | 19.6.2016

1.	Ruth Sophia Spelmeyer	52,17
2.	Friederike Möhlenkamp	52,91
3.	Laura Müller	53,03
4.	Lara Hoffmann	53,17
5.	Daniela Ferenz	53,94
6.	Julia Schaefers	54,39
7.	Ann-Kathrin Kopf	54,51
8.	Lena Naumann	55,03

4x 400 Meter | 19.6.2016

1.	LT DSHS Köln (Naumann, Möhlenkamp, Salterberg, Hoffmann)	3:36,76
2.	TSV Bayer Leverkusen (Schaefers, Hogrebe, Förster, Walter)	3:38,25
3.	SCC Berlin 3:41,73 (Gerken, Köhrbrück, Fromm, Richter)	
4.	StG Team Niedersachsen	3:43,06
5.	LG Stadtwerke München	3:43,36
6.	ART Düsseldorf	3:44,52
7.	TV Wattenscheid	3:44,62
8.	StG EAG Sprintteam Hessen	3:46,48

800 Meter | 19.6.2016

1.	Christina Hering	2:02,19
2.	Fabienne Kohlmann	2:03,15
3.	Tanja Spill	2:03,71
4.	Alina Ammann	2:04,26
5.	Mareen Kalis	2:05,52
6.	Sarah Schmidt	2:05,66
7.	Christine Gess	2:06,59
8.	Christina Zwirner	2:06,76

1500 Meter | 19.6.2016

1.	Konstanze Klosterhalfen	4:07,92
2.	Maren Kock	4:11,89
3.	Diana Sujew	4:12,27
4.	Caterina Granz	4:14,01
5.	Denise Krebs	4:15,39
6.	Julia Kick	4:16,98
7.	Hanna Klein	4:17,22
8.	Anne Kesselring	4:17,71

3x800 Meter | 31.7.2016 (in Mönchengladb.)

1.	LG Stadtwerke München (Kalis, Gess, Hering)	6:17,07
2.	TSV Bayer Leverkusen (Klaassen, Ackers, Walter)	6:22,51
3.	LG Telis Finanz Regensburg (Strempler, Heim, Kock)	6:29,36
4.	Bayer Uerdingen/Dormagen	6:34,07
5.	LAC Quelle Fürth	6:35,65
6.	TSV Bayer Leverkusen II	6:36,05
7.	LG Nord Berlin	6:39,37
8.	ASV Köln	6:44,39

5000 Meter | 19.6.2016

1.	Fate Tola Geleto	15:30,35
2.	Agata Strausa	16:07,39
3.	Anna Gehring	16:09,95
4.	Regina Högl	16:23,83
5.	Luisa Boschan	16:25,66
6.	Sarah Kistner	16:26,17
7.	Domenika Mayer	16:33,35
8.	Melina Tränkle	16:39,21

10.000 Meter | 7.5.2016 (in Celle)

1.	Sabrina Mockenhaupt	32:40,80
2.	Laura Hottenrott	33:43,41
3.	Franziska Reng	34:23,93
4.	Mayada Al-Sayad	34:48,07
5.	Kerstin Stephan	35:47,93
6.	Carolin Aehling	35:57,05
7.	Inga Hundeborn	36:03,50
8.	Tanja Grießbaum	36:45,40

100 Meter Hürden (-0,1) | 18.6.2016

1.	Cindy Roleder	12,86
2.	Nadine Hildebrand	12,92
3.	Ricarda Lobe	13,11
4.	Monika Zapalska	13,43
5.	Eva Strogies	13,53
6.	Svenja Rieck	13,79
	Franziska Hofmann	dq.
	Carolin Schäfer	n.a.

400 Meter Hürden | 19.6.2016

1.	Jackie Baumann	56,87
2.	Eileen Demes	57,87
3.	Christine Salterberg	57,95
4.	Djamila Böhm	58,22
5.	Judith Stadelbacher	58,91
6.	Karolina Pahlitzsch	59,12
7.	Frederike Hogrebe	60,22
8.	Judith Wessling	60,55

3000 Meter Hindernis | 18.6.2016

1	Gesa Felicitas Krause	9:31,00
2.	Maya Rehberg	9:46,58
3.	Sanaa Koubaa	9:48,07
4.	Jana Sussmann	9:48,28
5.	Cornelia Griesche	10:10,94
6.	Antonia Hehr	10:17,56
7.	Linda Wrede	10:39,60
8.	Jana Palmowski	10:42,08

Hochsprung | 19.6.2016

1.	Marie-Laurence Jungfleisch	1,90
2.	Katarina Mögenburg	1,84
3.	Jossie Graumann	1,84
4.	Ariane Friedrich	1,84
5.	Anne Klebsch	1,80
6.	Viktoria Gottlieb	1,75
6.	Alexandra Plaza	1,75
6.	Carolin Schäfer	1,75

Stabhochsprung | 9.7.2016		
1.	Martina Strutz	4,70
2.	Lisa Ryzih	4,65
3.	Annika Roloff	4,55
4.	Anjuli Knäsche	4,40
5.	Lilli Schnitzerling	4,30
6.	Regine Kramer	4,30
7.	Carolin Hingst	4,30
8.	Friedelinde Petershafen	4,20
8.	Martina Schultze	4,20

Weitsprung | 18.6.2016		
1.	Malaika Mihambo	6,72w
2.	Alexandra Wester	6,64w
3.	Maryse Luzolo	6,54
4.	Nadja Käther	6,53
5.	Alina Rotaru	6,34
6.	Xenia Stolz	6,27
7.	Lisa Kurschilgen	6,05
8.	Lena Malkus	6,02

Dreisprung | 19.6.2016		
1.	Jenny Elbe	14,28w
2.	Kristin Gierisch	14,05
3.	Birte Damerius	13,57
4.	Elina Sterzing	13,33
5.	Klaudia Kaczmarek	13,30
6.	Isabella Marten	13,12
7.	Sabrina Mickenautsch	12,75
8.	Eva Linnenbaum	12,71

Kugelstoß | 19.6.2016		
1.	Christina Schwanitz	19,49
2.	Lena Urbaniak	18,02
3.	Sara Gambetta	17,46
4.	Shanice Craft	17,01
5.	Anna Rüh	16,81
6.	Josephine Terlecki	16,58
7.	Alina Kenzel	16,13
8.	Luise Weber	15,88

Diskuswurf | 18.6.2016		
1.	Nadine Müller	65,79
2.	Julia Fischer	63,94
3.	Shanice Craft	63,63
4.	Anna Rüh	60,13
5.	Claudine Vita	59,12
6.	Kristin Pudenz	58,86
7.	Marike Steinacker	54,49
8.	Sabine Rumpf	53,19

Hammerwurf | 18.6.2016		
1.	Betty Heidler	75,32
2.	Kathrin Klaas	69,95
3.	Charlene Woitha	67,06
4.	Carolin Paesler	65,84
5.	Susen Küster	65,14
6.	Vanessa Pfeifer	60,70
7.	Katharina Mähring	58,46
8.	Anna Arlt	55,66

Speerwurf | 19.6.2016		
1.	Christin Hussong	66,41
2.	Katharina Molitor	62,86
3.	Linda Stahl	61,44
4.	Christina Obergföll	59,93
5.	Sarah Leidl	53,87
6.	Charlotte Müller	53,66
7.	Dana Bergrath	52,91
8.	Susanne Siebert	52,12

5000 m Bahngehen | 11.6.2016 (in Bühlertal)		
1.	Teresa Zurek	22:14,94
2.	Saskia Feige	23:15,47
3.	Bianca Schenker	24:24,55
4.	Brit Schröter	24:45,21
5.	Kathrin Schulze	25:43,26
6.	Nicole Hörl	27:27,91
7.	Barbara Primas	27:44,37
8.	Maria Unterholzner	29:13,54

Rekord-Wurf

Die Konkurrenz war stark beim DM-Finale der Speerwerferinnen. Gegen die amtierende Weltmeisterin Katharina Molitor sowie gegen Ex-Weltmeisterin Christina Obergföll und Ex-Europameisterin Linda Stahl musste Christin Hussong antreten. Doch von den großen Namen ließ sich die 22-Jährige vom LAZ Zweibrücken nicht stoppen. Mit 66,41 Metern holte sie sich den DM-Titel und das mit neuem deutschen U23- Rekord

Männer

60 Meter | 27.2.2016

1.	Julian Reus	6,52/ Deutscher Rekord
2.	Christian Blum	6,60
3.	Robert Hering	6,69
4.	Robert Polkowski	6,69
5.	Lucas Jakubczyk	6,70
6.	Peter Emelize	6,70
7.	Roy Schmidt	6,71
8.	Maximilian Ruth	6,74

200 Meter | 28.2.2016

1.	Julian Reus	20,55
2.	Robert Hering	20,88
3.	Robin Erewa	21,12
4.	Aleixo Platini Menga	21,15
5.	Rouven Christ	21,21
6.	Florian Daum	21,50
7.	Jannik Rehbein	21,74
8.	Martin Brieger	21,87

4x200 Meter | 28.2.2016

1.	TSV Bayer Leverkusen (Menga, Köllmann, Blechschmidt, Menzel)	1:24,72
2.	LAZ Saar 05 Saarbrücken (Hind, Kirstges, Condé, Christ)	1:24,88
3.	MTG Mannheim (Hochdörffer, Herdt, Gollnow, Hornung)	1:25,89
4.	LG Kindelsberg Kreuztal)	1:27,44
5.	LG Ovag Friedberg-Fauerbach	1:27,85
6.	StG Trackclub HNT Hamburg	1:28,94
7.	VfL Eintracht Hannover	1:29,00
8.	LT DSHS Köln	1:29,01

400 Meter | 28.2.2016

1.	Eric Krüger	47,11
2.	Marc Koch	47,30
3.	Robert Hind	47,76
4.	Alexander Juretzko	48,29
5.	Florian Weeke	48,85
6.	Benedikt Wiesend	49,33

800 Meter | 28.2.2016

1.	Jan Riedel	1:49,86
2.	Sören Ludolph	1:50,27
3.	Christoph Kessler	1:50,76
4.	Andreas Lange	1:51,25
5.	Denis Bäuerle	1:51,67
6.	Dennis Krüger	1:52,18
7.	Marc Reuther	1:52,29
8.	Sebastian Karl	1:54,09

1500 Meter | 28.2.2016

1.	Florian Orth	3:51,20
2.	Marius Probst	3:51,54
3.	Stefan Hettich	3:51,60
4.	Patrick Zwicker	3:51,95
5.	Nico Sonnenberg	3:52,79
6.	Viktor Kuk	3:53,49
7.	Toni Riediger	3:53,71
8.	Tim Edzards	3:54,81

3x1000 Meter | 21.2.2016 (in Dortmund)

1.	LG Braunschweig (Kuk, Lange, Ludolph)	7:17,95
2.	LG Region Karlsruhe (Körner, Wammetsberger, Kessler)	7:19,47
3.	LSC Höchstadt/Aisch (Bühner, B.Grau, M.Grau)	7:20,84
4.	StG Alb/Schorndorf/Zell	7:21,47
5.	MTG Mannheim	7:29,06
6.	LG Braunschweig II	7:34,48
7.	Bayer Uerdingen/Dormagen	7:34,55
8.	Hannover Athletics	7:41,49

3000 Meter | 27.2.2016

1.	Florian Orth	8:07,39
2.	Timo Benitz	8:08,32
3.	Clemens Bleistein	8:09,10
4.	Mitku Seboka	8:11,93
5.	Hannes Liebach	8:13,15
6.	Martin Sperlich	8:14,02
7.	Karsten Meier	8:14,17
8.	Amanal Petros	8:15,12

60 Meter Hürden | 27.1.2016

1.	Erik Balnuweit	7,61
2.	Alexander John	7,64
3.	Martin Vogel	7,67
4.	Arthur Abele	7,82
5.	Maximilian Bayer	7,82
6.	René Mählmann	7,95
7.	David Klöckner	8,00
8.	Pedro Garcia-Fernandez	8,11

Hochsprung | 28.2.2016

1.	Mateusz Przybylko	2,29
2.	Eike Onnen	2,26
3.	Tim Schenker	2,10
4.	Bastian Rudolf	2,10
5.	Anton Senft	2,10
6.	Benno Freitag	2,05
7.	Sascha Greshake	2,00

Stabhochsprung | 28.2.2016

1.	Carlo Paech	5,60
2.	Daniel Clemens	5,50
3.	Florian Gaul	5,50
4.	Tom Konrad	5,40
5.	Marvin Caspari	5,30
6.	Karsten Dilla	5,30
7.	Malte Mohr	5,30
8.	Lamin Krubally	5,10

Weitsprung | 27.2.2016

1.	Alyn Camara	7,82
2.	Julian Howard	7,76
3.	Marcel Kirstges	7,55
4.	Vincent Vogel	7,50
5.	Gianluca Puglisi	7,49
6.	Kevin Nwaoha	7,20
7.	Alexander Fuchs	7,14
8.	Philipp Menn	7,13

Dreisprung | 28.2.2016

1.	Max Heß	17,00
2.	Martin Seiler	15,85
3.	Marcel Kornhardt	15,79
4.	Felix Wenzel	15,72
5.	Raùl Spank	15,63
6.	Max Pietza	15,41
7.	Thomas Schmidt	15,18
8.	Dimitri Antonov	15,06

Kugelstoß | 27.2.2016

1.	Tobias Dahm	20,00
2.	Robert Dippl	18,74
3.	Bodo Göder	18,71
4.	Patrick Müller	18,66
5.	Andy Dittmar	18,48
6.	Valentin Döbler	18,12
7.	Hendrik Müller	17,83
8.	Leonid Ekimov	17,76

5000 Meter Gehen | 14.2.2016 (in Erfurt)

1.	Christopher Linke	18:44,32
2.	Nils Brembach	18:46,77
3.	Hagen Pohle	18:54,32

Doppelsieger

Zahnarzt Florian Orth hat der Konkurrenz bei der Hallen-DM ordentlich auf den Zahn gefühlt. Der Hesse im Trikot der LG Telis Finanz Regensburg entschied in Leipzig die 1500 und die 3000 Meter für sich

BARMER GEK
125
DKB
Das
kann
Bank

BENZ
adidas

Frauen

60 Meter | 27.2.2016

1.	Tatjana Pinto	7,07
2.	Rebekka Haase	7,20
3.	Nadine Gonska	7,29
4.	Chantal Butzek	7,30
5.	Lisa Mayer	7,31
6.	Inna Weit	7,32
7.	Sina Mayer	7,32
8.	Janina Kölsch	7,35

200 Meter | 28.2.2016

1.	Rebekka Haase	23,10
2.	Lisa Mayer	23,30
3.	Inna Weit	23,64
4.	Esther Cremer	23,78
5.	Luisa Pagels	24,05
6.	Lara Matheis	24,36
7.	Svea Kittner	24,48
8.	Sandra Dinkeldein	24,48

4x200 Meter | 28.2.2016

1.	TV Wattenscheid (Cremer, Haack, Zapalska, Dutkiewicz)	1:35,31
2.	LC Paderborn (Pinto, Kölsch, Thimm, Elsler)	1:35,97
3.	LT DSHS Köln (Möhlenkamp, Hoffmann, Salterberg, Naumann)	1:36,62
4.	StG Staffelteam Niedersachsen	1:37,59
5.	TSV Bayer Leverkusen	1:37,83
6.	LG Eintracht Frankfurt	1:38,60
7.	SC Preußen Münster	1:40,16
8.	LG Region Karlsruhe	1:40,96

400 Meter | 28.2.2016

1.	Lara Hoffmann	53,41
2.	Friederike Möhlenkamp	53,45
3.	Friederike Hogrebe	54,32
4.	Julia Schaefers	54,41
5.	Anna Raukuc	54,72
	Laura Müller (LC Rehlingen)	dq.

Anflug zum Titel

Silke Spiegelburg schraubte sich bei der Hallen-DM in Leipzig über 4,56 Meter. Höher kam keine andere Stabhochspringerin. So jubelte die Leverkusenerin über ihren vierten DM-Titel unterm Hallendach. Im Sommer qualifizierte sie sich nach einem Salto Nullo bei den Deutschen Meisterschaften weder für die EM noch für die Olympischen Spiele

800 Meter | 28.2.2016

1.	Christina Hering	2:02,48
2.	Carolin Walter	2:05,47
3.	Tanja Spill	2:05,59
4.	Stella Kubasch	2:06,07
5.	Johanna Christina Schulz	2:06,08
6.	Ariane Ballner	2:07,91
7.	Christine Gess	2:07,94
8.	Lena Menzel	2:09,18

1500 Meter | 28.2.2016

1.	Maren Kock	4:36,59
2.	Lena Klaassen	4:37,32
3.	Thea Heim	4:37,69
4.	Hanna Klein	4:38,09
5.	Caterina Granz	4:38,83
6.	Melina Gryschka	4:41,26
7.	Linda Wrede	4:42,30
8.	Svenja Pingpank	4:42,36

3x800 Meter | 21.2.2016 (in Dortmund)

1.	TSV Bayer Leverkusen (Ackers, Klaassen, Walter)	6:22,59
2.	TV Wattenscheid (Lins, Zwirner, Krebs)	6:32,83
3.	TSV Bayer Leverkusen II (Hogrebe, Menzel, Kierdorf)	6:35,79
4.	ASV Köln	6:43,18
5.	Bayer Uerdingen/Dormagen	6:44,70
6.	TSV Schott Mainz	6:48,81
7.	LG Region Karlsruhe	6:51,58
8.	ASV Köln II	6:59,58

3000 Meter | 28.2.2016

1.	Konstanze Klosterhalfen	8:56,36
2.	Alina Reh	9:00,58
3.	Jana Sussmann	9:11,07
4.	Domenika Mayer	9:28,86
5.	Agata Strausa	9:30,91
6.	Elina Sujew	9:34,22
7.	Julia Fritz	9:51,13

60 Meter Hürden | 27.2.2016

1.	Cindy Roleder	7,88
2.	Nadine Hildebrand	8,01
3.	Ricarda Lobe	8,10
4.	Monika Zapalska	8,11
5.	Bianca Marten	8,47
6.	Caroline Klein	8,48
7.	Viktoria Müller	8,51
	Pamela Dutkiewicz	dq.

Hochsprung | 28.2.2016

1.	Marie-Laurence Jungfleisch	1,95
2.	Katarina Mögenburg	1,86
3.	Ariane Friedrich	1,86
4.	Alexandra Plaza	1,83
5.	Lale Eden	1,83
6.	Christina Honsel	1,80
7.	Viktoria Gottlieb	1,75
7.	Jossie Graumann	1,75

Stabhochsprung | 27.2.2016

1.	Silke Spiegelburg	4,56
2.	Martina Strutz	4,51
3.	Annika Roloff	4,46
4.	Anjuli Knäsche	4,41
5.	Martina Schultze	4,31
6.	Anna Felzmann	4,31
7.	Franziska Kappes	4,06
8.	Ria Möllers	4,06

Weitsprung | 28.2.2016

1.	Alexandra Wester	6,75
2.	Maryse Luzolo	6,51
3.	Melanie Bauschke	6,42
4.	Xenia Stolz	6,41
5.	Klaudia Kaczmarek	5,98

Dreisprung | 27.2.2016

1.	Jenny Elbe	14,15
2.	Kristin Gierisch	13,97
3.	Neele Eckhardt	13,76
4.	Birte Damerius	13,39
5.	Klaudia Kaczmarek	13,39
6.	Elina Sterzing	13,38
7.	Sabrina Mickenautsch	13,04
8.	Maria Purtsa	12,85

Kugelstoß | 27.2.2016

1.	Lena Urbaniak	18,32
2.	Anna Rüh	17,68
3.	Josephine Terlecki	17,14
4.	Katharina Maisch	16,01
5.	Laura Jokeit	15,52
6.	Luise Weber	14,62
7.	Sonka Kielmann	13,36

3000 Meter Gehen | 14.2.2016 (in Erfurt)

1.	Teresa Zurek	13:46,95
2.	Nicole Best	14:15,80
3.	Lea Dederichs	14:16,45
4.	Annika Brembach	14:42,75
5.	Kathrin Schulze	14:57,26

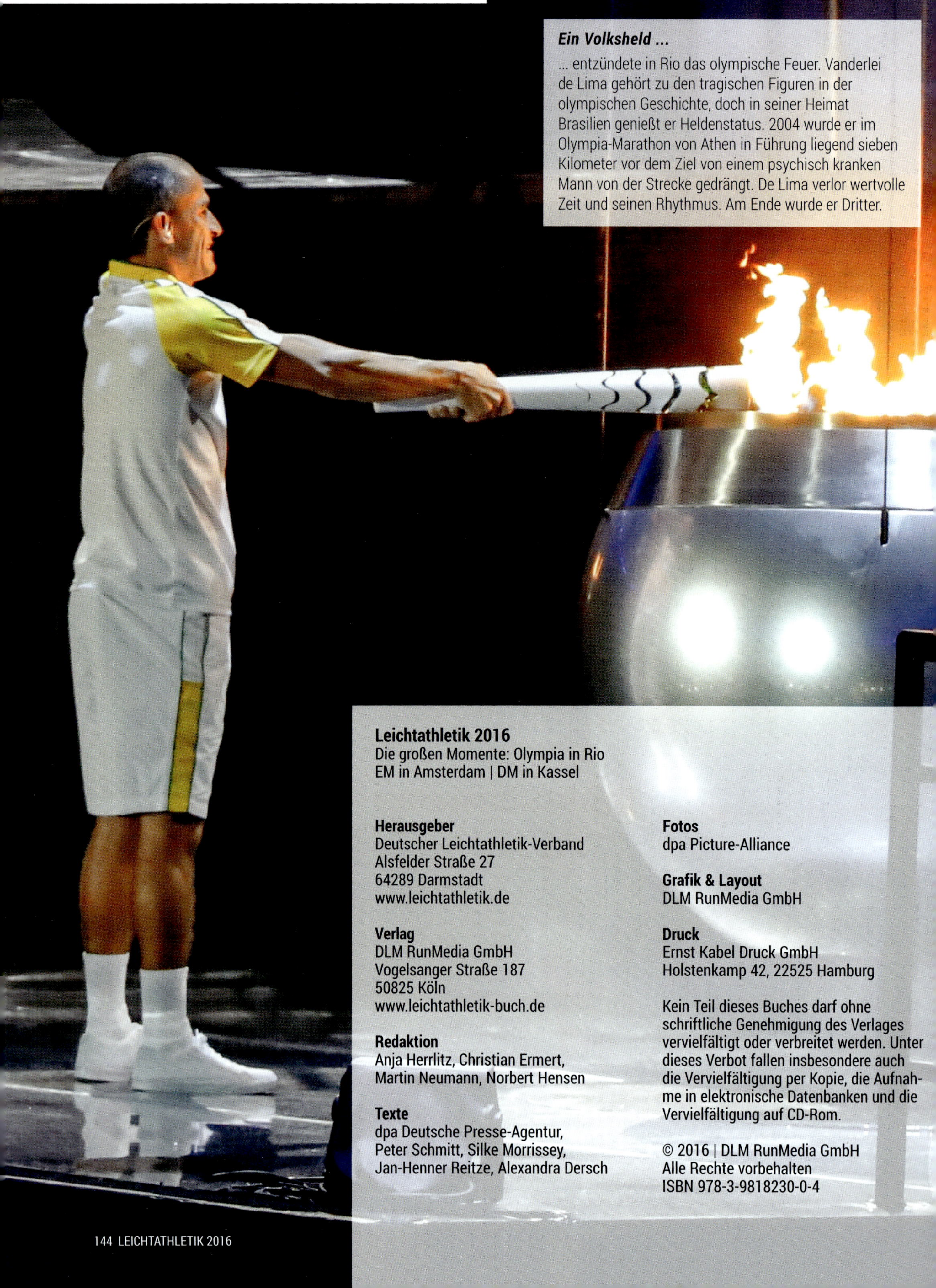

Ein Volksheld ...

... entzündete in Rio das olympische Feuer. Vanderlei de Lima gehört zu den tragischen Figuren in der olympischen Geschichte, doch in seiner Heimat Brasilien genießt er Heldenstatus. 2004 wurde er im Olympia-Marathon von Athen in Führung liegend sieben Kilometer vor dem Ziel von einem psychisch kranken Mann von der Strecke gedrängt. De Lima verlor wertvolle Zeit und seinen Rhythmus. Am Ende wurde er Dritter.

Leichtathletik 2016
Die großen Momente: Olympia in Rio
EM in Amsterdam | DM in Kassel

Herausgeber
Deutscher Leichtathletik-Verband
Alsfelder Straße 27
64289 Darmstadt
www.leichtathletik.de

Verlag
DLM RunMedia GmbH
Vogelsanger Straße 187
50825 Köln
www.leichtathletik-buch.de

Redaktion
Anja Herrlitz, Christian Ermert,
Martin Neumann, Norbert Hensen

Texte
dpa Deutsche Presse-Agentur,
Peter Schmitt, Silke Morrissey,
Jan-Henner Reitze, Alexandra Dersch

Fotos
dpa Picture-Alliance

Grafik & Layout
DLM RunMedia GmbH

Druck
Ernst Kabel Druck GmbH
Holstenkamp 42, 22525 Hamburg

ISBN 978-3-9818230-0-4